竺可桢的故事

李建臣◎主编

YUANFANG 远方出版社

图书在版编目（ＣＩＰ）数据

竺可桢的故事 / 李建臣主编. -- 呼和浩特 : 远方出版社, 2022.12

（“榜样代代传”系列丛书）

ISBN 978-7-5555-1825-9

Ⅰ. ①竺… Ⅱ. ①李… Ⅲ. ①竺可桢（1890-1974）—生平事迹—青少年读物 Ⅳ. ①K826.14-49

中国版本图书馆CIP数据核字(2023)第000340号

竺可桢的故事

ZHU KEZHEN DE GUSHI

主　　编	李建臣
责任编辑	孟繁龙
封面插画	吴幸婷
内文插画	张会琴
封面设计	VIOLET Q1152979738
版式设计	曹　驰
出版发行	远方出版社
社　　址	呼和浩特市乌兰察布东路666号　邮编010010
电　　话	（0471）2236473总编室　2236460发行部
经　　销	新华书店
印　　刷	天津中印联印务有限公司
开　　本	880毫米×1230毫米　1/32
字　　数	106千
印　　张	6.25
版　　次	2022年12月第1版
印　　次	2023年4月第1次印刷
印　　数	1—5000册
标准书号	ISBN 978-7-5555-1825-9
定　　价	42.00元

如发现印装质量问题，请与出版社联系调换

编者序

吾辈自强　强国有我

对于青少年来说，他们正处于长身体、长知识和形成世界观的重要时期，兴趣广泛、可塑性强，各方面都还不成熟。如何紧扣时代脉搏，与时俱进地帮助青少年树立正确的人生观、价值观和世界观，是家庭、学校和社会需要共同思考的问题。

党的十八大以来，以习近平同志为核心的党中央高度重视青少年的思想政治教育，习近平总书记在许多场合对加强青少年思想政治教育发表了一系列重要讲话，内容涵盖立德树人、社会主义核心价值观的培育和践行、以文化人、以文育人、教育合力构建、加强党的领导等。这些重要论述，充分体现了以习近平同志为核心的党中央对青少年成长成才的亲切关怀和殷切期待，立意高远，思想深邃，形成了内涵丰富的思想政治教育理论体系，为提升青少年思想政治教育科学化水平指明了方向。

榜样教育是青少年品格塑造的一种重要形式，应科学合理地树立榜样，为青少年追求真理、完善人格、实现理想指明方向，并源源不断地提供精神力量，从而培养青少年爱国、奉献、创新、求真、务实的崇高品质。

为了帮助青少年向榜样看齐，向使命聚焦，汲取榜样的力量，感受其家国情怀以及进取、奉献的优秀品质，我们组织多位专家学者编撰“榜样代代传”系列丛书，介绍了钱学森、竺可桢、钱伟长、华罗庚、钱三强、苏步青、李四光、童第周、陈景润及邓稼先等科学先驱的事迹。这些科学家学习成绩优异，科技成果突出，得到了国际学术界的广泛认可。他们每一个人都深深知道：科学无国界，科学家有祖国。钱学森说：“我的事业在中国，我的成就在中国，我的归宿在中国。”李四光说：“要把所学到的知识，全部奉献给我亲爱的祖国。”邓稼先说：“假如生命终结后可以再生，那么，我仍选择中国，选择核事业。”他们不惜牺牲个人利益，远跨重洋回到生活与科研均“一穷二白”的祖国，在各自的领域自力更生、攻坚克难、开拓创新，为我国的社会主义建设和国防安全做出卓越的贡献。

鲁迅先生在《中国人失掉自信力了吗》一文中发声：“我们从古以来，就有埋头苦干的人，有拼命硬干的人，有为民请命的人，有舍身求法的人……”历史的风雨、生活的磨难，阻挡不了这些人前行的脚步。正是他们扛起了中华民族伟大复兴的重任，他们无愧为“中国的脊梁”。有人不禁要问：今天的青少年长大后，还能不能扛起重任？

要回答今天的青少年还能不能扛起重任的问题，我想起了梁启超先生100多年前的期许——“少年智则国智，少年强则国强。”

榜样是一面旗帜，榜样是一座灯塔，榜样是一种动力，可以为当代青少年引领方向，指导他们奋勇前行。这套“榜样代代传”系列丛书的出版初衷，就是希望青少年以老一辈科学家为榜样，学习他们胸怀祖国、服务人民的爱国精神，勇攀高峰、敢为人先的创新精神，追求真理、严谨治学的求实精神，淡泊名利、潜心研究的奉献精神，集智攻关、团结协作的协同精神，以及甘为人梯、奖掖后学的育人精神，并将这些可贵的品质吸收为个人的精神财富与进取动力，做有理想、有本领、有担当的新时代青少年。

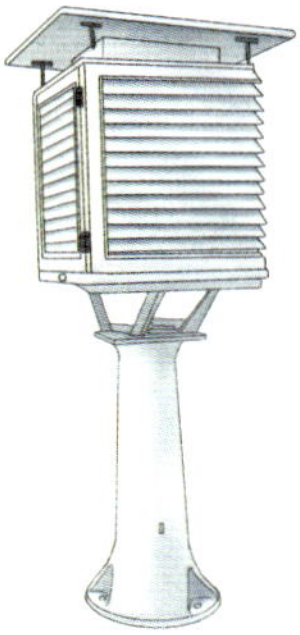

目录

第一章　年少立志报国

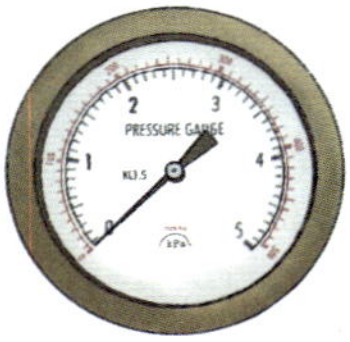

第二章　海外求学，一心为国

第三章　为中国气象事业奠基

第四章　振兴浙江大学

第五章　投身新中国科学事业

第六章　熠熠生辉的科学精神

第一章 年少立志报国

从此，幼小的竺可桢开始对节气产生了兴趣。他非常喜欢观察大自然的变化，冬去春来、燕子衔泥、布谷催耕，这些都使他感受到无穷的乐趣。

聪明好学的小儿郎

如果给世界上钟灵毓秀、人才辈出的地方列一张清单，那么，浙江绍兴一定榜上有名。

绍兴，古称越州，又称会稽、山阴，地处宁绍平原的西边。连绵起伏的龙门山、会稽山、四明山、天台山，是它的脊骨；纵横交错的浦阳江、曹娥江、甬江，是它的血脉。绍兴融“中国山水”和“诗画江南”于一体，人称“东南山水越为首，天下风光数会稽”。

据考证，在距今约9000年前的新石器时代，这里就出现了人类文明——小黄山文化。春秋时期，绍兴一带建立了越国。千百年来，绍兴的劳动人民用自己勤劳的双手和聪明才智，给这片土地带来了富庶和繁荣。从古至今，绍兴这座有着2500多年深厚历史的文化古城，孕育了数不尽的传奇人物和英雄故事。

近代，这里又出现了秋瑾、蔡元培、鲁迅等名垂青史的人，其中也包括本书的主人公——著名气象学家竺可桢。

1890年3月7日这一天，竺可桢诞生在美丽的水乡——绍兴县东关镇。这时正是清朝光绪年间。

竺可桢的父亲竺嘉祥原居绍兴东关镇西5公里处的保驾山，世代以务农为生；青年时期迫于生计，离开家乡到东关镇摆米摊谋生，20岁时与性情温和、勤劳节俭的女子顾氏结婚。1876年长子竺可材出生，两年后次子竺可谦出生，之后又连生了3个女儿。

经过几年的经营，米摊生意兴隆，家境日渐富足，竺嘉祥在镇上开了承茂米行。因家里人丁兴旺，住房拥挤，竺嘉祥在镇上买地建起新房。新房落成不久，小儿子竺可桢就呱呱坠地了。

竺嘉祥希望儿子们能好好读书，他把大儿子竺可材、二儿子竺可谦都送进私塾读书。后来，竺可材考中了秀才，在东关镇的学堂教书，竺可谦则因体弱辍学在家。

父母对竺可桢非常疼爱，希望他也能通过读书光耀门楣。起初父亲给竺可桢起名“兆熊”，叫他阿熊，后来想还应该有个学名，便请镇上的私塾先生为他起了个响亮的名字——可桢，意思是做一个坚实的国家栋梁。

竺嘉祥望子成龙，对竺可桢的教育格外重视，在他2岁时就开始教他认字。而竺可桢表现出了过人的天赋，不但天生聪慧，而且特别喜欢学习认字。

有一次，父亲带着竺可桢去拜访朋友，在路上指着一些店铺的招牌教他认字，等回到家后考他，他竟然一字不错地全说出来了。看到儿子如此聪颖，父亲心里非常高兴。于是，每当店铺里没有顾客时，父亲就带着他到街上玩，一边走一边教他认街边店铺招牌上的字。很快，竺可桢就记下了整条街的街边店铺的名字。

此后，竺可桢每天晚上都恳求父亲教他认字。父亲有时因为白天干活已经很疲惫了，但为了满足孩子学习的愿望，仍耐心地教竺可桢认字，陪他学习。

竺可桢3岁时，看到哥哥们读书，也学着他们的样子，坐在凳子上，指着书本上的字问这个念什么，那个念什么。父亲见儿子这么爱学习，就让他跟着哥哥竺可材上私塾读书识字。

竺可桢读书很用功，母亲怕他累坏了，经常陪学以便督促他早睡。竺可桢有时随母亲睡下，可他一听到鸡叫，知道天快亮了，又轻轻地爬起来背诵典籍。

竺可桢 5 岁时进了学堂。不到 2 年时间，他便能熟记《弟子规》《三字经》《百家姓》《千字文》《神童诗》等童蒙读物，以及儒家经典“四书”。7 岁时，他开始学写作文。他写作文常常是先写一遍，自己读完觉得不好再重新写一遍，直到自己满意了才罢休。

父母想把儿子培养成才，但又不放心儿子到远处读书，于是就把家里南面堆放杂物的小屋腾出来做竺可桢的书屋，然后重金聘请知识渊博的私塾先生章镜尘来家里给他上课，周围邻居的孩子也可以来这里一起读书学习。

章先生很喜欢聪明又勤奋好学的竺可桢，对他的要求也格外严格。在这段时间里，除了让竺可桢熟读四书五经外，章先生还经常找一些优秀的古代散文、诗词讲解给他听，并以王阳明立身为学的故事来激励他。竺可桢十分敬重章先生，每年春节都去给老师拜年，看到章先生家里的藏书，总要借一些回来读，章先生也十分乐意向学生推荐可读之书。

竺可桢爱读书，更爱思考。读了《爱莲说》后，他想：“我要爱莲花，更要爱莲藕。”当他把自己读《爱莲说》

的感想告诉章先生时，章先生见他小小年纪就能如此思考问题，并得出这样的结论，颇为感动。他教导竺可桢说：“藕虽埋没于淤泥之中，但它将自己的全部营养贡献出来，使莲花亭亭玉立而不被淤泥污染，这是非常可贵的。而且藕的内质也是洁白的，你要学习藕这种纯洁、坚贞的品格。”

竺可桢把章先生的这番话牢牢记在心里，后来还给自己取字“藕舫”。

气象兴趣的萌芽

多年来，在中学语文课本里一直有一篇课文叫《大自然的语言》，开篇这样写道：“立春过后，大地渐渐从沉睡中苏醒过来。冰雪融化，草木萌发，各种花次第开放。再过两个月，燕子翩然归来。不久，布谷鸟也来了。于是转入炎热的夏季，这是植物孕育果实的时期。”

这篇文章根据竺可桢为普及物候学所写的科学小品文《一门丰产的科学——物候学》改写而成。它最早发表于 1963 年，那时的竺可桢已经是著名的气象学家。

竺可桢之所以能成为气象学家，是因为他从小就特别热爱大自然，经常仔细观察大自然中的各种现象，并对这些自然现象充满好奇和探索欲望。

按照绍兴当地的风俗，每年清明节、中元节和灶神节，家家都要祭祖。幼年时，竺可桢也会随父母回老家保驾山去祭祖。

每次回乡祭祖，他可以和十多个叔伯兄弟一起玩耍，总有无尽的快乐。他们仿佛是出笼的鸟儿，觉得大自然里的一切永远是那么新鲜、有趣。不过，其他人都只是在玩，竺可桢在玩的同时还留心观察。比如每次回来，他发现周围的景物都不大一样，于是就问一起玩耍的哥哥们："为什么同一个地方，每次看到的景物都不相同呢？"哥哥们回答不上来。他又问道："那些叽叽喳喳的鸟儿上次来还叫得正欢，为什么这次来却见不到了？"

"哥哥，哥哥，树上的花为什么有的这个时候开，有的那个时候开？"

"天为什么会刮风下雨？"

"燕子为什么能飞得这么快？"

……

哥哥们被他问得十分无奈，只好敷衍他说："一直就是这样，没什么稀奇的。"

但竺可桢仍然满腹疑团，又仰着小脑袋去问大哥竺可材。在他心目中，大哥肚子里的知识最多。大哥笑着告诉他："这是节气的缘故。一年有二十四个节气，我们播种和收割都要遵循节气，燕子来去、花开花落也是要依照节气的。"

从此，幼小的竺可桢开始对节气产生了兴趣。他非常喜欢观察大自然的变化，冬去春来、燕子衔泥、布谷催耕，这些都使他感受到无穷的乐趣。不仅如此，他还懂得了自然万物都有自己的规律。他把桃花开放的时间，自家房檐下燕子到来、离去的时间，都一一记录下来，留到第二年、第三年进行对比，看看时间有什么差别。

小伙伴和家人都不理解他的做法，当时的竺可桢恐怕也没有想到，这种由小时候的好奇心引发的兴趣竟能保持一生，而且影响了国家的气象事业，甚至影响了全世界的气象研究。

家乡的雨水特别多，屋檐上总是滴水，落在石板上发出"滴答滴答"的响声。有一天又下起了雨，竺可桢站在门口屋檐下聚精会神地数着一滴又一滴的水滴，1、

2、3、4、5……数着数着，他像发现了一个奇迹，眼睛盯着石板出神：这些石板上怎么有一个个小坑呀，而且水滴正好滴在小坑里。再看看另一侧的石板，也是同样的情况。他立即跑去问父亲。

父亲非常耐心地向他解释："这石头上的小坑是一滴一滴的雨水不停地滴下来造成的，这就叫'水滴石穿'呀！别看一滴一滴的雨水没有多大力量，但是，天长日久，石板就被砸出小坑来了。读书也是这个道理，只有持之以恒，才会有所成就。"竺可桢点点头，牢牢地记住了父亲的话，"只有持之以恒，才会有所成就"，也明白了每个普通的现象背后都有深刻的道理。从此，"水滴石穿"成了竺可桢的座右铭，激励了他一生。

新式学堂的启蒙

童年时，在父亲的承茂米行里，竺可桢接触到了社会上形形色色的人，其中有满面春风的富人，也有欺行霸市的地痞，但给他留下印象最深刻的，是那些贫苦农民，他们一年到头辛苦劳作，最后却食不果腹。如果这一年风调雨顺，他们的脸上还有点笑容；若是年景不好，他们就十分愁苦。竺可桢经常听到父亲和他们的对话：

“今年收成不好，日子还过得去吗？”

“唉！不好过呢，人种天收啊！”

这让竺可桢从小就感受到人类在大自然面前的渺小，并在心里暗暗立志要找到天气变化的规律，改变“人种天收”的被动局面。

有一天，竺可桢和几个同学到郊外的河边玩，看见一个老人一边哭一边往河里走。他们连忙上前拦住老人，问道：“爷爷，您怎么了？”

老人说：“我从镇上一个大户人家借了一斗米，如今到期了无力偿还，家中已经没有一粒米了，大户逼着还债，我求告无门，只好一死了之。”

竺可桢连忙对老人说：“您别着急，我们给您想办法。”他匆匆跑回家，把这件事告诉母亲。善良的顾氏马上量出一斗米，又另外装上一些，叫人给老人送去。

母亲此举救了老人一家，也给童年的竺可桢留下了深刻的印象，在他心里埋下了善良的种子。

1898 年，清廷开始改变旧学制。1899 年，绍兴东关镇开办了第一所新式学堂——东湖通艺学堂，学堂共设置史、子、算、译四斋，由江浙一带的饱学之士教授国文、算学和英文等科目，章镜尘也被聘到学堂教书。竺可桢后来进入这所学堂学习。在这里，新的科学启蒙知识打开了他的眼界，新的思想开启了他崭新的人生。

当时，学校按照“中学为体，西学为用”的原则实施教学。所谓“西学”，只是一些自然常识课程，所占比例极小，却给少年竺可桢推开了一扇求知的窗口。透过这个窗口，他渐渐发现了许多新鲜、奇特的现象，让他渴望接触外面更广阔的天地，吸收更多新鲜的知识。

1900 年，八国联军打进了北京，烧杀抢掠，无恶不作。腐败无能的清廷不得不在 1901 年签订丧权辱国的《辛丑条约》，赔款数额高达 4.5 亿两白银，本息将近 10 亿两白银。巨额赔款使国家再次陷入困境，人民生活更加困苦不堪。消息传到东关镇，人们受到了强烈的震动，章镜尘为国家的前途忧心忡忡，10 岁的竺可桢也悲愤难抑。

这一天在课堂上，章镜尘问学生：“在诸位看来，何为‘苦’，何为‘甜’？”

一个学生站起来说:“穷人生活最苦,富人生活最甜。”

另一个学生说:“黄连最苦,蜂蜜最甜。”

还有的学生说:“不吃苦中苦,难得甜上甜。”

很多学生都回答了这个问题,但章镜尘似乎不太满意,他见竺可桢坐在那里,便点名让他回答。

竺可桢站起来,严肃地答道:“丧权辱国最苦,国富民强最甜。”他一语道出了置身苦海的万千中国人的心声,令章镜尘拍案叫绝,也令在场的同学折服。

竺可桢 13 岁那年,镇里有几个年轻人要乘船前往省城参加科举考试。这天,竺可桢正在学堂里和一位同学聊天,那位同学说:“竺可桢,你知道吗?外出赶考的学生马上就要出发了。”

竺可桢听了,三步并作两步跑回家里,进了自己的房间,把常用的东西收拾成一个小包袱。家人奇怪地问他:“你这是做什么?”

“我要去赶考!”竺可桢头也不抬地说。

大家听了不禁哈哈大笑起来。

“你们笑什么?”竺可桢严肃地问道。

“哪有你这么小年纪就去赶考的呀?”

“考的是学问大小,又不是年龄大小,我怎么不能去呢？”

家里人听了，才明白竺可桢不是要小孩子脾气闹着玩，急忙劝阻他。就在这时，门外有人高喊：“赶考的要开船啦！”竺可桢一听就急了，他挣脱家人，如离弦的箭一般向码头跑去。当他上气不接下气地赶到岸边时，船早已离开了码头。

竺可桢一下子急得哭了，他对着渐渐远去的船喊道：“我要到大地方去上学！我要到大地方去读书！”

家人追到码头，看见竺可桢哭得十分伤心，赶忙好言宽慰。问及他执意要去赶考的原因，才知道他是想去更好的学府学习，他要读书雪耻，为国争光。恍然大悟之际，家人无不为之志向高远赞叹。

从此，竺可桢立下了大志，将来一定要读书救国。

“智体并重”的榜样

1905 年，竺可桢以各门功课都优等的成绩从东湖通艺学堂毕业。章镜尘认为他志向远大，以后肯定是栋梁之材，因而极力建议他到大城市去求学，并不止一次到竺可桢家中做他父亲的思想工作。

竺嘉祥对小儿子从小就寄予厚望，又何尝不想让他去大城市读书呢？但是，大城市里生活水平高，花费多，而米行的生意越来越难做，家里经济条件一年不如一年，他拿什么供儿子上学呢？这几年因为儿女婚嫁，家中积蓄已所剩无几，加上添丁进口，米行的生意又不景气，家用方面经常捉襟见肘。顾氏则担心小儿子身体瘦弱，远离家乡难以得到家里的照顾。

这时，章镜尘表示愿意解囊相助，竺嘉祥又找几个朋友筹借了一笔钱，竺可桢终于踏上了外出求学的道路。

一个春日的早晨，竺可桢肩负父亲和老师的期望，带着母亲的牵挂，只身一人上了船，离开温暖的家，踏上去上海求学的道路。此时，他心中有一种“海阔凭鱼跃，天高任鸟飞”的畅快，未来和希望都在远方冲他招手。

竺可桢来到上海后，顺利考进了澄衷学堂。这所中学的课程比小学要繁重得多，除了国文、英文、数学外，还有物理、化学、博物、图画等课程。

1898 年的“百日维新”虽然失败了，但是千千万万不愿做“亡国奴”的中国人被唤醒，救亡图存、变革兴邦的斗争也没有停止。以孙中山为代表的具有民主主义思想的先进国人历经磨难，向西方寻求救国救民的良策，开始在国内宣扬民主共和的思想。

竺可桢经常阅读宣传新思想的刊物，逐渐接受了进步思想的主张。当时有一个问题长期萦绕在他的脑海里：中国有几千年的文明历史，有优秀的思想文化传统，这些都是外国没有的，但为什么近几十年来中国屡屡被外国列强欺辱呢？在一次与同学的讨论中，竺可桢给出了自己的答案，他说：“今日之局势，乃是国家制度、科技落后所致。我辈尚幼，无力扭转国制，但科技却可通过学习获得进步。”

从此，竺可桢暗暗下定决心，要好好珍惜来之不易的学习机会，发愤读书。他知道，只有拥有真才实学，才能不辜负父兄、师长的殷切期望，才能为实现国家的富强贡献力量。

在澄衷学堂读书期间，竺可桢学习刻苦、勤奋是出了名的。当时，他的同学大多是上海本地的富家子弟，有睡懒觉的习惯。当其他人早上还在睡觉时，竺可桢已经拿着书本到操场上早读了。因为英语基础不好，他就

利用早晨这段时间背英语单词。

有一天，宿舍里一个爱睡懒觉的同学早起，发现竺可桢的床头堆着一摞书，还有几个小本子，他好奇地翻开一看，只见上面写着许多名人名言：“放弃时间的人，时间也放弃他。”“没有一种不幸可与失去时间相比。”“科学需要一个人贡献出毕生的精力，假定你们每个人有两次生命，这对你们来说也还是不够的。”这位同学看后深受感动，从此一改过去睡懒觉的习惯，每日早起与竺可桢一起学习。在竺可桢潜移默化的影响下，全宿舍的同学都改掉了睡懒觉的习惯，专注学习，成绩都明显提高了。

竺可桢本来就体弱，加上学习时废寝忘食，营养又跟不上，他的身体越发虚弱、瘦小，个子比同龄人要矮得多。同学们都在私下里议论，担心他的身体无法承受这么高强度的学习。

一天，竺可桢散步时，一个高个子的同学把手比在自己胸前，嘲笑竺可桢身材矮小；另一个来自安徽的同学则说：“看他的样子，难活到 20 岁……”其他同学以为竺可桢听了这些话后心里会难过，但竺可桢却说：“我应该谢谢他呢。”

这时的竺可桢刚刚 16 岁，心态积极乐观，而且善于反省，经常把别人的批评看作是对自己的提醒，激励自己更加努力。

晚上，竺可桢辗转反侧，心潮翻涌：祖国灾难深重，人民贫困不堪，现在自己又被看作短命之人。既然立志要为拯救祖国出力，那就必须首先战胜自己病弱的身体！

想到这里，竺可桢猛地从床上爬起来，连夜制订了一个锻炼身体的计划，还写下“言必信，行必果”的格言来警示自己。从那以后，他每天鸡一叫就起床，到校园里跑步、做操……

一天清晨，竺可桢刚醒，就听到“轰隆隆”的雷声，他往窗外一看，密密麻麻的雨点下得正紧。今天还要不要按时起床锻炼呢？他犹豫了一下，马上又下定决心：不行，有第一回间断，就可能有第二回、第三回，即使无法正常跑步，也可以在檐下做其他运动……于是，他迅速起床，进行锻炼。

坚持了一个学期后，竺可桢的体质明显增强，再也没有请过一次病假。同学们都对他刮目相看，就连过去讥讽他的同学也都称赞他是“智体并重”的榜样。

这段时间，竺可桢不但锻炼了身体和意志，学会了更有效地管理时间和规划学习，而且养成了温和、冷静、执着、刚毅的性格。由于品行良好，成绩优秀，待人和善，办事认真负责，加上意志顽强，能吃苦耐劳，他在班里威信很高，被同学们推选为班长。

就这样，竺可桢凭着自己的勤奋与好学，凭着自己的意志与精神，在知识的海洋中尽情遨游……

化国之屈辱为动力

1908 年，在澄衷学堂经过 3 年的学习后，竺可桢转入了复旦公学。就在这年冬天的一个下午，他突然收到老乡给他捎来的一封家信，信中说母亲病重，叫他赶快回家。然而，当他急匆匆赶回家时，却得知母亲已经离世，没能见上最后一面。

竺可桢第一次尝到了失去亲人的痛苦，想起母亲深厚的养育之恩，想起母亲终年忙碌的身影，想起母亲仁爱重义和勤劳朴实的品德，他的心里十分悲痛。

处理完母亲的丧事后，竺可桢怀着丧母的悲痛，准备返回复旦公学。当时，天空灰蒙蒙的，倒映在江面上也是灰蒙蒙的，面对令人担忧的国事、家事，18岁的他心头压着沉重的负担。

准备乘船时，竺可桢因为心事重重，没有注意脚下，一不留神掉进了江中，冰冷的江水一下子将他淹没。幸亏他手上拿着一把伞，掉下去的同时伞迎水张开，他紧紧地抓住伞柄，被旁边一位好心的工人看到，把他拉了上来。

那位工人是锡箔厂的师傅，看到竺可桢年轻、单薄的模样，问他家住何处、晚上有没有地方住。竺可桢摇了摇头，工人师傅便把他带到工厂里，帮他把衣服烘干，并留他住了一宿。第二天一早，善良的工人师傅陪竺可桢来到码头，看着他坐上前往上海的轮船后才放心地离开。好心人的搭救使竺可桢心中充满了感激。

1909年，竺可桢发现复旦公学教学管理不严，教学质量差，想到自己千辛万苦从家乡出来学习，不能白白浪费时间，于是报考了唐山路矿学堂（今西南交通大学），并以优异的成绩被录取。专业方面，他选择了土木工程。

当时，国家衰弱，各种各样救国、兴国的理论应运而生，比如军事救国、科学救国、文艺兴国、政治强国等。科学救国理论认为，帝国主义列强之所以横行霸道，是因为他们拥有先进的科学技术；中国只要掌握了先进的科学技术，就能摆脱帝国主义的压迫。竺可桢选择的正是科学救国之路。

唐山路矿学堂是一所新式学校，学制是参照欧美教育体制确定的，培养目标与欧美工科大学类似，其办学水平已经相当于国外同类大学。而且这所学堂为了鼓励学生报考，不仅免收学杂费，还给学生一定的补助，这对家境困难又热爱科学的竺可桢来说再合适不过了。

在唐山路矿学堂，竺可桢学到了大量现代科学知识，其间发生的一件事让他刻骨铭心，进一步激发了他的爱国之情和报国之志。

当时，唐山路矿学堂的数学、物理、化学和土木工程等课程的教师都是外国人，采用全英文授课，而且规定用阿拉伯数字代替学生姓名。对于这项规定，竺可桢和同学们非常气愤，觉得这是对中国人的侮辱。

一天，讲课的英国教师提出了一个问题，然后头也不抬地喊道："227 号！"没有人应声，也没有人站起来，教室里静悄悄的。英国教师见无人站起来回答他的提问，又提高嗓门喊了一声："227 号！"还是没有人站起来。教室里出现了一阵小小的骚动，同学们都向 227 号——

竺可桢投去担心的目光。

这时，英国教师气哼哼地走到竺可桢面前，瞪着眼睛，第三次愤怒地大声吼道：“227号！” 竺可桢坦然地站起来，理直气壮地说：“我叫竺可桢。”接着，他以流利的英语正确回答了问题。英国老师只好悻悻地走开了。

这件事在学校传开后，同学们都赞扬竺可桢的魄力，夸赞他的这一举动维护了个人和民族的尊严，外国教师也开始改口叫中国学生的名字，有时实在叫不出来，也表现得很有礼貌。

“苦心人，天不负，卧薪尝胆，三千越甲可吞吴”，此后，竺可桢经常提醒自己：“为什么我们的祖国会遭受帝国主义列强的宰割？为什么我们的百姓要受人凌辱？都是因为我们的国家衰弱，因为我们的科学技术落后。要使祖国强大起来，要使中国人直起腰杆，我们青年人就要奋发图强，要找到拯救祖国的方法，把屈辱化为学习的巨大动力，刻苦、勤奋地学习科学文化知识，这是我们的首要任务！”

在报效国家的坚定信念下，竺可桢在唐山路矿学堂的每次考试都是第一名，成了学堂里最优秀的学生。那些傲慢的外国教师不禁对他刮目相看。

第二章

海外求学，一心为国

一向勤奋好学的竺可桢，刚到学校就去图书馆和书店寻找气象学、地理学方面的书籍，等到学校正式开课时，他已经读了不少气象学的书籍。

留美榜上有名

1909 年 9 月，第一次庚款留学考试在北京举行，共有 630 人参加。

这个庚款留学，缘于历史上著名的“庚子赔款”。1901 年 9 月 7 日，清政府被迫签订屈辱的《辛丑条约》，同意向 11 个国家赔偿白银 4.5 亿两，分 39 年付清，本息共计 9.8 亿两。这就是“庚子赔款”。1908 年，美国政府提出将“庚子赔款”中的大部分用来“帮助”中国办学，并“资助”中国学生赴美留学。双方还协议创办了清华学堂，自 1909 年起，中国可每年向美国派遣留学生赴美学习。

第一次庚款留学考试，初试考了国文、英文和本国史地，通过了68人。复试考了物理、化学、博物、代数、几何、外国历史和外国地理，最后录取了47人。同年10月，这47人和3名自费出国留学的富家子弟，共50人赴美留学。

1910年4月15日，竺可桢在唐山路矿学堂入学刚满一年，第二批庚款留学考试报名开始了。当时人民的生活都十分困苦，竺可桢家里的生计也日益艰难，米行入不敷出，房屋也抵押给了别人。家里实在无力供竺可桢继续求学深造。这时，庚款留学使竺可桢看到了一线希望，于是果断报了名。

招考的标准很高，而且考试十分严格，竺可桢根据自己的学习情况，对所考的科目做了客观分析，并制订了可行的复习计划，先复习自己较差的科目，然后攻克难点，在考试前又全面复习了一遍。

有条件的考生已提前到北京购买了各种参考资料，并请专人辅导，而竺可桢只有2个多月在学堂复习的时间。

他提前十几天来到北京办理报考手续，同时争分夺秒复习。

首场考试到了，通过本场考试才能参加其他科目的考试。上午考中文论说，题目是《不以规矩不能成方圆》，竺可桢得心应手地做完，顺利交卷。下午考英文论说。之后他又集中精力复习接下来要考的其他科目。

发首次考试榜，共272名学生通过，竺可桢名列前茅。随后，他又参加了代数、平面几何、物理、化学、希腊史、罗马史等十几科的考试。

接下来便是焦灼的等待。发榜的日子终于到了，榜单前挤满了考生及其家人。竺可桢用力挤进人群，费力地在榜上寻找自己的名字：

第一名，杨锡仁，18岁，江苏震泽人，上海南洋中学；

第二名，赵元任，19岁，江苏阳湖人，江南高等学堂；

……

第二十八名，竺可桢，19岁，浙江会稽人，唐山路矿学堂；

……

1910年，第二批庚款留学考试录取了70 人，与竺可桢同批录取的还有后来在中国影响深远的胡适、赵元任等人。

发榜时离出国只剩十几天的时间，竺可桢一想到出国后长期见不到家人和朋友便立刻回到久别的故乡东关镇。听说竺可桢要留学，全镇轰动一时！慕名前来的人不计其数。

穿过水泄不通的街道踏进米店，见到满脸沧桑的父亲时，竺可桢不禁百感交集，潸然泪下。年老的父亲看到儿子有机会留学，感到非常欣慰，高兴得老泪纵横。

竺可桢又去母亲的坟前，他默默地对自己说：“无论到了哪里，我都不会忘记故乡，不会忘记母亲的养育之恩。我一定要做出一番事业，为竺家争光，为祖国争光！”

3 天后，竺可桢告别父亲，告别乡亲，告别家乡，到上海办理了各项留学手续，并按留美要求在一个外国理发馆剪掉了从小留着的长辫子，换上了定做的西装。看着镜中的自己，他感觉自己完全变成了另外一个人，但他仍然没有忘记自己的初心。

抱着科学救国的理想，竺可桢和几十名同学一起告别在苦难中挣扎的祖国，踏上了开往美国的“中国”号轮船。

尽管码头上没有自己的亲友，但面对送行的人们，竺可桢还是不停地挥手拭泪，心情久久不能平静……

从农学到气象学

竺可桢乘坐的“中国”号轮船，从上海吴淞港起航，横渡浩瀚的太平洋，经过一个月的时间到达美国旧金山。

之后，竺可桢和同学们又乘火车来到美国首都华盛顿的留美学生监督处。留美学生监督处对每个学生的所学专业和所去的学校做了最后的确定，并与相关学校对接。之后，他们便几人一组分赴各个学校。

选择专业时，竺可桢考虑到中国是一个农业国家，民以食为天，万事以农为本——他永远记得故乡宁绍平原那辽阔的田野，永远记得那些躬耕垄亩和在父亲的米行里频繁进出的农民，永远记得多年前听父亲和农民对话时说的“人种天收”。他想弄明白为什么农作物的收成好坏要“看天”，他想知道那滚滚而来的冲击中国市场的洋棉、洋面、洋布是怎样生产出来的。于是，他选择到美国中部的伊利诺伊大学农学院学习。

伊利诺伊州号称“美国的粮仓”，坐落在美国最大的平原——中央大平原上。那里的土地以黑土为主，土壤肥沃，加上气候温暖，雨水丰沛，很适合农作物生长，年年丰收，大豆产量在美国数一数二，玉米产量更是居于美国之首。伊利诺伊大学农学院得天时、地利之便，到那里学习，将有更多的机会了解美国先进的农业生产技术。

竺可桢非常珍惜这来之不易的机会，在美国求学期间，他几乎没有假期，不是读书就是外出考察。来到美国的第一个暑假，竺可桢和 3 名中国同学一起前往美国南方路易斯安那州和得克萨斯州旅行，目的是考察那里的水稻和甘蔗的种植情况。第二年，竺可桢又利用假期到美国中部的农场去做帮工，一方面挣些钱补贴花销，另一方面借此了解美国农场的实际运作情况。

通过校内的理论学习和校外的实地考察，竺可桢看到中国农业与美国农业的体制及耕作方式存在极大差距。在美国，玉米、棉花、甘蔗、水稻等农作物都产自专业农场。与中国最大的不同是，美国农业是高度商品化、机械化的，而中国农业还停留在自给自足的小农经济阶段。竺可桢开始认真思考自己的前途，结合当时中国农村的实际情况，他认为自己所学的知识脱离中国农

业现实，难以在中国运用。他希望学到切合中国实际的专业知识。

1913 年夏，竺可桢以优异的成绩从伊利诺伊大学毕业。在选择继续深造的专业方向时，他倾向于学习与农业密切相关的学科，于是请教老师哪些学科与农业有关。老师热情地帮他在美国高等学校的众多相关专业中筛选，最后锁定两个专业：森林与气象。经过反复斟酌，竺可桢选择了气象专业。

当时，气象学是一门新兴学科，在美国高校中隶属地学系，只有哈佛大学的研究生院开设气象学课程。于是，竺可桢转入哈佛大学地学系，研读气象专业。

建于 1636 年的哈佛大学，是一所学风严谨、学术研究气氛浓厚的世界著名大学。哈佛大学的校训是“真理”，竺可桢非常认同哈佛的校训，认为中国传统文化中的“求是”与“真理”精神是一致的。

1913 年 8 月，竺可桢来到美国马萨诸塞州剑桥市的哈佛大学，准备开始他的研究生学习生涯。这时，他从家信、报纸上获悉，祖国发生了一场轰轰烈烈的辛亥革命，清政府和皇权帝制倒台了，建立了中华民国，但局势依然动荡不安，军阀混战，民不聊生。得知这一切后，竺可桢更加坚定了科学救国的信念。他希望早日学成，报效祖国。他认为，国内政治浑浊，前途渺茫，只有稳定的国内外环境才能发展科技，只有先进的科学技术才能使中国朝现代化社会发展。

哈佛大学作为世界名校，授课方式确有独到之处，启发式的讨论课及让学生亲自动手实习的课程相当多。这里的教学方式采用讲授法、讨论法和实验法，注重培养学生的分析能力和独创精神，鼓励学生对已被普遍接受的观念提出异议，对所学的知识点进行综合分析。

课堂上一般采取讨论式教学方法，这样学生必须在课前积极准备材料，上课认真听讲、及时消化，在听取老师与其他同学的发言后受启发、被激发，争取做高质量的发言。而且老师不设标准答案，鼓励学生大胆发言，激发学生的好奇心，培养其独立思考能力和批判性思维。

一向勤奋好学的竺可桢，刚到学校就去图书馆和书店寻找气象学、地理学方面的书籍，等到学校正式开课时，他已经读了不少气象学的书籍。

竺可桢的导师有气象学家华尔德、麦克阿迪和沙顿。因为气象学是一门新兴学科，所以研究生不多。在开学的座谈会上，年过半百的麦克阿迪十分赞赏竺可桢选择气象学专业。最让竺可桢感动的是著名科学史教授沙顿的话，他说："气象学过去是、将来也一定是一门有益于人类的科学，它的价值将越来越为人们所认识。"竺可桢牢牢记住了导师的这番话。

导师们向竺可桢介绍了当时的气象研究状况：气象科学还不成熟，尽管气象学界已经绘制了半个世纪的天气图，但谁也找不到正确的预报天气的方法，不知道天气系统的运行规律，没有可行的理论解释，对决定天气变化的原因也捉摸不透。对此各国气象学家众说纷纭：法国学者说，云系决定天气变化；德国学者说，高空情况操纵天气变化；挪威学者则专门研究大气云团。导师们认为，挪威学者的研究很可能会有所开拓……

在导师们的引导下，竺可桢一开始就瞄准气象科学的最前沿，除了攻读气象学、气候学等专业课，他还选修了历史地质学、冰川沉积学、地震学、区域地理学等多门相关课程。此外，他还选修了沙顿教授的自然科学史。沙顿教授特别欣赏这个瘦小又勤奋的中国年轻人，常常在课堂上表扬他。

就这样，竺可桢在世界一流学府如饥似渴地汲取着科学知识，一步步朝着科学的高峰攀登。

哈佛大学气象学博士

一切科学都离不开实践。气象科学的研究和其他科研工作一样，不能关起门来靠自己苦思冥想，而是要建立在长期、大量的气象观测基础上。

竺可桢勤奋好学，但是“巧妇难为无米之炊”，在开展气象科学研究时，他发现相关资料少得可怜。

在研究生三年级的时候，竺可桢和导师商定的硕士论文选题为《关于中国之雨量研究》，这是他的第一篇学术论文。定好论文选题后，他兴致勃勃、满怀信心地去图书馆搜集资料，结果找遍整个图书馆，只发现一本《中国十一年来之雨量》。这本书是上海徐家汇气象台总观察员劳绩勋所著。竺可桢急切地翻开这本书，想知道书中记录的雨量情况能否反映整个中国的雨量情况。令人遗憾的是，他发现徐家汇气象台的观测仅局限于中国沿海地区，根本不可能通过这本书了解整个中国的雨量情况。

中国气象资料的匮乏，使竺可桢的研究工作陷入了困境，但他一想到中国经常发生旱涝灾害，靠天吃饭的老百姓屡屡遭殃，就更加坚定了学好气象学的决心。一向不畏艰难的他，决定从零开始开展中国气象科学的研究。他到各个图书馆查阅中国历代雨雪和旱涝实录；到美国气象台、测候所去实习，学习气象专家的工作经验和研究方法，从中获得了许多气象资料，改善了中国雨量研究缺乏资料的状况。

经过研究和分析，竺可桢发现影响中国雨量和降雨分布状况的三个因素分别是季风强弱、地势高低和风暴路径，并首次提出中国降水的规律，这对国人认识中国降水状况具有里程碑意义。他还把中国风暴分为东北及内蒙古、黄河、长江、东海及黄海、太平洋等类型，这种分法直到 20 世纪 80 年代仍被中国天气预报所沿用。

1915 年，竺可桢在华尔德、麦克阿迪两位著名气象学专家的指导下，顺利获得了硕士学位。

同年，在美国康奈尔大学学习的任鸿隽、杨杏佛、赵元任、胡明复等留学生，发起成立了中国最早的科学社团组织——中国科学社。1916 年，中国科学社的主要发起人都转到哈佛大学学习。竺可桢也参加了中国科学社的活动，并负责《科学》月刊的编辑工作。中国科学社经常举办学术演讲和科普讲座，还定期举行学术年会，传播现代科学知识，对培育科技人才、振兴我国科学事业产生了重要影响。

硕士毕业之后，竺可桢又申请延长 3 年学习时间，继续攻读博士学位。

哈佛大学的博士课程立足于发展学生的理解能力，以及批判评估本专业领域最前沿知识的争论问题的能力，注重让学生自由探索和表述自己的观点，注重培养学生创造重大学术成果的能力。因此，学生必须和富有教学、科研经验的教授紧密合作，毕业时要提交论文并进行答辩。

这时的竺可桢就像一个万能钻头，不管在哪个领域，都能深深地钻进去，稳扎稳打地推进，并取得研究成果。1916 年，竺可桢比较研究了中美两国的降水情况，写成论文发表在国际大气学科的重要学术期刊《每月天气评论》上，引起了美国气象学界和地理学界的关注。接着，他又写了《中国之雨量及风暴说》，发表在《科学》月刊第 2 卷第 2 期上。

由于研究成果丰硕，1917 年，竺可桢被吸纳为美国地理学会会员，同年获得伊麦苏奖学金。这一年，他在《史地》等杂志发表了《说风》等文章，并确定自己的博士论文选题为《远东台风研究》。当时，他查证了中国、日本、菲律宾、越南等国家遭受台风袭击的情况，对已有的研究成果进行对比分析，指出各国在台风分类方面的优点与不足，最后写成论文《远东台风的新分类》。

接着，他又在《每月天气评论》上发表了研究论文《关于台风中心的若干新事实》，首次提出："台风眼里温度强烈上升，是由于台风眼中强大的下沉气流所造成的。"这些研究新成果，使他成为当时台风研究的权威。

在这些论文中，竺可桢开始运用现代气象学理论来研究中国气象的实际问题，陆续提出了一些独到的气象学观点和论据，引起了气象学界的重视，直到今天，他的研究仍具有指导价值。

1918 年，28 岁的竺可桢穿上博士服，戴上博士帽，获得了哈佛大学博士学位，成为中国第一位气象学博士。

在论文答辩中，教授认为竺可桢的研究已走在气象学界前沿，欢迎他继续进行超博士（博士后）的研究。

这时，美国有几个气象台也向竺可桢敞开了大门，但他却希望回到自己的祖国，以多年所学为祖国的发展尽绵薄之力。

学成归国

1916 年冬季的一天，风雪交加，正专心在图书馆搜寻资料的竺可桢收到了家里的来信。对于长期远离故土和亲人的海外游子来说，每次收到家信都像过节一样高兴。可是，这封信却让竺可桢悲痛万分，因为他的父亲去世了。

在竺可桢远离家乡的这些年，国内战火连天，百姓生活苦不堪言。他的大哥、二哥先后去世，如今连父亲最后一面也见不到了。此时此刻，他只能面朝东方，面向祖国，垂泪叩首，遥望祭拜。他知道家里经济状况不佳，于是从自己的生活费中省出钱来邮寄回家，以支付父亲的丧葬费用。同时，他暗自下定决心，一定要更加努力钻研。

时间转眼来到了1918年秋季，哈佛大学路旁的枫树红黄交织，竺可桢踩着落叶漫步在校园里，仿佛走进了一个金色的世界。一只小松鼠捧着松塔在草坪上蹦来蹦去，突然它停住了，两只亮晶晶的小眼睛望着竺可桢。这一幕令竺可桢难以忘怀，他留恋这里自然与人类和谐相处的美好氛围，但他也深知此地非久留之地。

经过5年的寒窗苦读，竺可桢要向这里的一切告别了。多年来的夙愿终于实现，他要回国了！别了，幽静美丽的哈佛大学！别了，卷帙浩繁、包罗万象的图书馆！别了，设备一流、技术领先的实验室！别了，知识渊博的导师们！

在哈佛大学学习期间，竺可桢不仅学到了很多气象学知识，还增长了很多见识。哈佛大学的学风、学制，特别是前校长查尔斯·埃利奥特以40年的不懈努力，改革学制、延聘知名教授、提倡学术自由的办学理念，使哈佛大学成为世界知名的一流学府，这些都对竺可桢的教育观产生了很深的影响，也在他心中埋下了一颗发展现代高等教育的种子。

在美国留学期间，竺可桢还养成了每天写日记的习

惯，而且这个习惯伴随了他一生。每天的气温、风向、阴晴等气象情况，以及有关气象研究的各种资料，都是他记录的内容。从这时起，他还养成了另一个习惯——随身携带钢笔式温度计，随时测量气温。

虽然哈佛大学的一切令竺可桢留恋，但“梁园虽好，不是久恋之家”。对祖国的强烈思念一遍遍地震颤着他的心房，他听见了来自故园、来自心底的真诚呼唤。他必须回去，用所学的知识报效祖国，实现自己的志向，用科学拯救苦难中的祖国。这时，中国科学社也随着留学生回归祖国而迁到了上海。

1918 年，竺可桢刚刚获得博士学位，便搭乘从美国开往中国的轮船，回到了阔别 8 年的祖国。此时欧美各国的变化可谓日新月异，而中国却满目疮痍、四分五裂，各方面都落后于西方各国，尤其科学技术更是远远落后。这一悬殊对比令竺可桢忧心如焚。

踏上故乡绍兴的土地，竺可桢看到了比当年离开时更凄惨的景象：土地贫瘠，河流干涸，老百姓衣不蔽体、形容枯槁。刚从充满生机与活力的美国返回的他，被眼前的破败景象震惊了，内心受到强烈的冲击与震撼。

在家乡，竺可桢拜望了亲友、师长，祭奠了父母、兄长。家里的店铺和房子都已经换了主人，还有许多事务等着他处理：父母的坟地下陷需要尽快迁移，两位兄长的遗孤需要抚养……他没有感伤、叹息的时间，只求尽快谋得一份工作，最好既能解决当下的温饱，又能实现自己科学救国的理想。

潜心教书育人

听说哈佛大学博士竺可桢回国，上海海关、武昌高等师范学校（今武汉大学前身）、南京高等师范学校同时向他发出聘书，其中上海海关的薪俸最高。但是，中国海关从清朝开始便为外国列强所把持，这严重损害了中国主权。在竺可桢看来，选择海关就是选择与外国列强勾结在一起——他们在沿海设置气象网，窃取中国气象情报，为夺取更大的利益服务。而竺可桢最大的心愿就是在中国建设独立自主的气象研究事业，所以根本不可能因高薪为海关效力！

经过考虑，竺可桢选择了武昌高等师范学校。在武昌高等师范学校，他除了教博物地学部的地理课，还为数学理化部毕业班讲授天文气象课。他备课认真，同时开拓新的教学领域，按国际前沿的地理学观点试编新教材。此外，他还带学生到湖北大冶参观实习，参加博物学会、数理学会的活动，作学术演讲等。他热心公益，积极捐赠图书和款项，支持学会活动。他出色的教学成绩以及负责的教学态度，受到了师生们的一致好评，武昌高等师范学校决定续聘他为专任教员。

1919 年 11 月 23 日 10 时左右，竺可桢正在长江边散步，平静的江面瞬间飓风大作，波涛汹涌，浪高五尺，江面上的几十艘帆船竟全部沉没！竺可桢目睹这一切后非常震惊。第二天，他从报纸上得知，原来是飓风沿长江东去，不仅武汉遭了殃，其他地区遭受飓风袭击的帆船也数不胜数。竺可桢对此非常痛心，他想，如果中国有自己的气象观测站，配备必要的设施进行天气预报，遇到这样的飓风就不会遭受如此大的损失了。

1920 年，竺可桢转任至南京高等师范学校。这年冬天，南京高等师范学校开始扩建，第二年扩建完工后，学校改名为东南大学，竺可桢担任地学系主任。在这段教学生涯中，竺可桢培养了我国第一代地理学、气象学工作者。该校地学系在我国大学中是第一个设立的，下设地理、气象、地质、矿物四个专业，气象专业也是在我国大学中首次设立，我国从此开始自主培养气象人才。后来在我国有所建树的老一辈气象学家中，许多人都是竺可桢这一时期教授的学生。

竺可桢讲授的课程有地学通论、气象学、地质学、古生物学、中国地理、世界地理、世界气候、矿物学、地形测量、地图学、历史地质学、地质考察等。很多授课内容是竺可桢自己编写的教材，他由浅入深地引导学生们认识空气，认识不同高度的空气成分，了解为什么天空看上去是蓝色的……在安静的课堂上，竺可桢引经据典，深入浅出，把复杂的气象学知识“润物细无声”地传授给学生。学生们跟随着他，在神奇的空间遨游，探索风云变化的无穷奥秘。

地理学、气象学都属于应用型学科，竺可桢在教学中非常重视培养学生们的实践能力，把野外实习作为地学系各科的必修课。他经常带着学生翻山越岭，到野外考察，观察气象变化。

一个星光灿烂的夏夜，学校操场上围坐着许多地学

系的年轻学生。他们正在参加竺可桢召开的露天学术研讨会。竺可桢指着深邃迷人的苍穹，从二十八星宿谈起，一直讲到航海、测量及农业生产。许多在校园里漫步、乘凉的外系学生也被吸引了过来。这场别开生面的学术研讨会一直持续到深夜，大家才余兴未尽地散去。

为了培养学生们的实际工作能力，竺可桢还在校园里设立了气象测候所。

在校园东侧有一个僻静的院落，叫梅庵。梅庵环境幽雅，松青草绿，尤其是春天，迎春花开得金灿灿一片，令人赏心悦目，地学系气象专业的气象测候所就坐落在这里。测候所购置了还算齐全的仪器设备，并聘请专人规范管理。竺可桢在这里指导学生观测训练，每周对观测结果进行分析，由他亲自撰写气候报告，定期与国内外气象台交换气候信息。

在竺可桢看来，学生的考试成绩固然重要，但对于气象学这门学科来说，实际工作能力和科研能力更重要。他认为不必用记分制考试来衡量学生的学习情况，应该让学生对所学知识融会贯通，结合气象观测的实际情况进行分析，同时专题报告要做到从实际出发。他还十分赞成学生学习外语，并热情地帮助学生翻译科研资料，以便学习外国的前沿知识。

时光飞逝，从武昌到南京，竺可桢在高校执教不知不觉已过去了近 10 年。“桃李不言，下自成蹊”，在他的带领下，东南大学新兴的地学系培养出了我国最早的一批地理学、气象学、地质学方面的专家，东南大学得以名扬海外。30 多岁的竺可桢也著述颇丰，事业有成，成为国内外学者瞩目的专家。

第三章

为中国气象事业奠基

日子一天天地过去，北极阁气象研究所已见雏形，那里每一处都留下了竺可桢瘦小的身影，因为每天他必到那里检查并督促工程进展。

建立北极阁气象研究所

1840 年鸦片战争后，一些外国人先后在北京、香港、上海、青岛以及其他通商要地设立各种气象观测机构，气象观测的权利也被他们窃取和垄断。比如，建在上海法租界的徐家汇气象台是由法国人于 1872 年年底创建的，主要为一些国家的航运服务。竺可桢于 1916 年在哈佛大学研究中国风暴问题时，中国沿海的风暴预报就是由该气象台提供的。

这些外国人在中国的一切活动都是以满足其本国利益为目的的，他们在中国建立气象台，并不是想帮助中国发展气象事业，而是为了更方便地掠夺中国的资源。

这些气象台的分布很不均匀，统计数据也相当不系统、不完整。一些爱国人士多次主张收回气象机构的管辖权，但都未能实现。

1912 年夏，北平东城钦天监设立了中央观象台，隶属教育部，开始了中国现代的气象观测事业。1913 年，政府在观象台增设了气象科，农业、水利、航空等部门也设立了一些气象测候所。可惜好景不长，到 20 世纪 20 年代初，由于军阀混战，这些测候所因经费短缺而陷入停顿状态。

1927 年，北伐取得胜利。国民政府开始重视科学技术，蔡元培邀请竺可桢筹建中央研究院气象研究所。接到邀请后，竺可桢激动不已，爽快地答应下来，担任气象研究所所长。

开创中国自己的气象事业，是竺可桢多年来的心愿，他决定全力以赴地投入工作，振兴中国气象事业。但是，当时中国的气象事业就像一张白纸，究竟该从哪一步开始呢？

1927 年 12 月，竺可桢离开了熟悉的校园和可爱的学生正式到任气象研究所，踏上了改善中国气象事业一穷二白局面的漫长建设征程。他的心中涌动着开创中国气象事业新局面的激情，涌动着夙愿即将实现的兴奋和喜悦，他仿佛看到了希望。

当时中国虽说也有一些气象研究机构，但是职权有限，根本没有机构统一管理气象工作。中央研究院气象研究所既是全国气象学术研究机构，又是全国气象事业的领导机构。竺可桢出任气象研究所所长后，面对一片空白的气象事业，所有工作都要从头做起，所有工作都必须亲力亲为，可谓千头万绪。不过，这对他来说不算什么，他杰出的领导才能和实事求是的科学精神，在筹建气象研究所的过程中得到了充分展示。

作为一个全国性的机构，首先要有一个稳定的办公场所。竺可桢走遍南京，克服重重困难，最后将办公场所定于北极阁。为了在北极阁建立气象研究所和气象观测站，他辛苦奔走了一年时间。

北极阁即南京钦天山，这是一个海拔67米的小山丘，因山顶有一座道观叫北极阁而得名。它北瞰玄武湖，南眺南京市区，山巅平坦，四周无碍，是建立气象台的理想场地。北极阁历史悠久，早在南北朝的刘宋年间，钦天山就设有司天台，元、明两代也曾在这里设立观象台。清朝定都北京后，康熙年间观测仪器移往北京，历经风雨的北极阁逐渐荒废。到 20 世纪 20 年代，这里树木丛生、荆棘遍地，已是一座荒山，山顶的北极阁也成了危楼，残垣断壁、梁柱腐朽、楼板洞穿，无法登临。实地勘察到的这些情况，对建立气象台十分不利。

阳春三月，正是江南草长莺飞的时节，竺可桢和建筑设计工程师一起来到北极阁勘察建筑地点，拟订建筑计划。他亲自过问每一处的布局，以及每一个施工中出现的问题。当时北极阁中还有一位老道士在修行，竺可桢为他安排了生活住所，并多方奔走，迁走了住在里面的其他人员。

日子一天天地过去，北极阁气象研究所已见雏形，那里每一处都留下了竺可桢瘦小的身影，因为每天他必到那里检查并督促工程进展。

1929 年年初，基建工程大体完成，气象研究所正式迁入北极阁。工作终于可以展开了，北极阁呈现出一片生机勃勃的景象。

除了原本已进行的地面气象观测外，气象研究所先后开展了高空气象观测、天气预报和气象广播业务，同时还开展了物候、日射、空中电气、微尘及地震等多项观测业务和研究工作。随后，气象研究所也在北京等地开展了利用测风气球、探空气球、飞机和气象风筝等探测多项工作。1932 年，北极阁气象研究所开始了地震的监测记录，这是我国近代最早的地震台之一。

风向风速、云形云量、能见度、气温、气压、湿度等是气象预报及气象研究工作的基础，地面气象观测主要是观测和记录这些天气现象。因此，气象观测必须做到严格、认真、及时、准确。无论是严冬酷暑还是风雨雷电，测候员都必须按规程进行观测，不可以有半分钟的延误和疏漏。

南京的冬天十分寒冷，气象研究所又建在山上，寒风刺骨，天寒地冻，但是无论天气多么恶劣，每天都必须有人值班。值班员从早上 6 点到下午 2 点，每小时观测一次各气象要素。

这一天，轮到年轻的测候员朱炳海值班。清晨 5 点 30 分，朱炳海从温暖的被窝中艰难地爬起来，打着冷战，穿好衣服，准备做例行观测。6 点整，他开始查看气压表、温度表、湿度仪，一边查看一边记录。窗外仍是一片漆黑，四周寂静无声。突然，外间办公室的门开了！一股袭人的寒气钻了进来。

朱炳海一惊，心想大冷天这么早不该有人来啊，门怎么开了？定睛一看，只见竺可桢微笑着走进来，拍了拍朱炳海的肩膀，亲切地说：“你继续工作吧。我睡不着，来这里看看。”

这并不是偶然。竺可桢经常不顾寒冷，早早上山，不定时地检查测候员的工作，一来是怕测候员难免有疏漏之处，二来是能及时掌握第一手资料。有时夜间有雨，天气更加阴冷，人非常容易倦怠，到清晨6点第一次定时观测时，就容易忽略察看雨量筒中的雨量。因此，竺可桢常常亲自检查，若发现测候员漏测漏记，就会严肃地批评教育。

竺可桢严肃认真、一丝不苟的工作作风，深深地影响了他的学生和下属，使他们在学习和工作中受益良多。后来，朱炳海成了南京大学气象系主任、教授。每忆及此，他都感慨万千，对竺可桢的精神百般佩服。

1930年元旦，在竺可桢的带领下，气象研究所绘制出了东亚天气图，并发布天气预报及台风警报，收回了对我国沿海各气象站的管理权限。从此，我国有了自己领土、领海内的气象预报。

一天，竺可桢正在北极阁气象研究所安排工作，两个日本人胁迫金陵大学的一位教授来到北极阁。这两个日本人脖子上挂着照相机，傲慢地说他们是日本的农学家，因为气象事业和农业生产有很大关系，所以特地前来参观，希望竺可桢能够授权让他们实地摄影，带点宝贵的资料回日本学习。

气象台作为国家机密单位，不能让外国人随便照相和参观，因此，竺可桢义正词严地拒绝道："很遗憾，对你们的要求我不能同意。"

这两个日本人见状还不死心，用略带威胁的口吻说："你这样做，同贵国政府的'睦邻政策'未免有些不合吧？恐怕有损两国的友谊！"

竺可桢听了觉得很好笑，不卑不亢地说："友谊的前提是互相尊重、双方平等，这个道理你们一定懂得。"

还是在这一年，竺可桢带队参加了在香港召开的远东气象会议。会议期间举行了两次宴会，中国代表的席位被安排在末席。竺可桢认为这样做有损我国的国格，令人难以容忍。在他的提议下，出席会议的中国代表以退出会议的行动表示抗议，提前乘坐海轮返回上海。

这一桩桩事情，让竺可桢感到愤怒，也使他更加坚定了独立自主创办我国气象事业的决心和信心。他要让全世界都知道，中国有气象学研究，中国的气象学研究

度制章规

并不落后。

此后，竺可桢把全部精力和心血都投入北极阁气象研究所的建设和发展中。

气象研究所建在钦天山，有利于气象观测，但那里荒草丛生，道路狭窄，交通不便。为此，竺可桢买来几千块旧城砖，砌起了山路台阶，又主持修筑了直通山顶的盘山碎石公路，以便汽车通行。

竺可桢认为，科学工作者应该多看书、多学习，于是在气象研究所建了图书馆。图书馆的最下一层是安装了三层窗户的地震仪观测室，室内可保持恒温恒湿。

由于经费有限，竺可桢精打细算，把有限的经费主要用来购置气象仪器设备和图书期刊。同时，他和气象研究所的科技人员讨论之后，决定每人兼顾一部分日常的事务性工作，以节约人员开支。

竺可桢还把家安在山下。为了方便工作，政府给他配备了小汽车，但他上班常常步行爬山，小汽车只用于外出办公，只有遇上风雨等恶劣天气时，他才让汽车接送。他说，这样既节约经费，又锻炼身体。所里的年轻人有时下山购物、会友等想乘坐汽车，但看到竺可桢如此以身作则，也都效仿他，尽量步行。

竺可桢深知生态平衡的重要性。从建所那年开始，每年春天他都带领全所同事在山上植树。他们在山坡上种了松柏、杨树、梧桐，年复一年，北极阁绿树成荫，环境宁静幽雅，成为远近闻名的胜地，引得许多人前来参观。

渐渐地，北极阁气象研究所成了全国气象科学研究基地及指导全国气象事业发展的中心。后来，经蔡元培同意，中央研究院总办事处也设在钦天山上。由此，钦天山一带成了一处科学研究的中心。

研究中国气候的变迁

有着5000年文明史的中国，古代的科学技术曾经处于世界领先地位，早在殷商时期，人们就用甲骨文记载风、雨、云、雪、雹等自然现象。到周朝前期，人们把很多气象方面的知识编成了歌谣。秦汉以后，历代史书、方志中也留下了许多关于天气的寒、燠、燥、湿、旱、涝、风、冻等丰富的记载。

利用古代典籍中的物候记载，研究中国历史气候的变迁，成了竺可桢科研工作中的一个创举。《中国历史上气候之变迁》《南宋时代我国气候之揣测》《中国历史上之旱灾》等著作，是他在这个领域专题研究的一次丰收。

1923 年前后，竺可桢读到一篇由欧洲气象专家写的有关气候变迁问题的论文。这位气象专家对欧洲的气候做了一番研究后发现，欧洲在 12 世纪初到 14 世纪初的 200 年间，天气比其他时期要冷。

据记载，挪威人在 9 世纪至 11 世纪非常活跃，是北方世界的旅行家，因为那时欧洲和北大西洋处于温暖的时代，加上挪威费尔赫尔王朝的残暴统治，挪威人纷纷移民，移居到冰岛和格陵兰岛，甚至移居到北美洲。

其中有一个叫埃里克的维京海盗，因犯杀人罪被放逐到冰岛。他沿着大西洋暖流，经过激浪拍击的海岸，来到西南岸峡湾里最暖和的地方，在那里开垦种植。埃里克想，要把更多的人吸引到这里来，必须给它取个美好的名字，于是他想到了“格陵兰”，意思是“绿色的土地”。

埃里克发现这个岛后，从挪威引来了许多移民，他们以养殖业为生。但大自然并不总是顺从人意，从12世纪开始，这里的气温逐渐降低，环境越来越恶劣。漂浮的冰山从北极往南向格陵兰岛缓缓漂来，格陵兰岛东岸被冰山封锁了，从冰岛到格陵兰岛的航线也不得不变更。因为气候恶劣，航行困难，冰岛人和挪威人再也不驾船去格陵兰岛了。埃里克的移民点维持了500年后，终于在风雪交织、饥寒交迫中绝迹，那里成了一片冰原。

竺可桢读完这篇论文后，脑海中冒出了一个大胆的想法：“这是对欧洲气候变迁的研究，而中国的气候变迁，至今无人涉足，应该有人研究才是。既然欧洲从12世纪到14世纪这段时期比其他时期冷，那么，中国是不是也这样呢？不妨通过独立的研究，印证一下这个结论的适用范围。”就这样，他开始了对中国气候变迁的研究。

南宋到元初年，正处于12世纪到14世纪初这一时期，怎样才能知道这个时期的冷暖旱涝呢？竺可桢自有办法。他对我国古代气象史有过细致的考察，知道我国历代朝廷都设有专门机构，安排专人对经济、政治、文化，甚至旱涝灾害、气候冷暖等详细记载，这就是二十四史。

经过反复研读，他从《宋史》与《元史》等的记载中找到了一个共同的现象，那就是降雪。

当地天气寒冷的特征是通过降雪来反映的，天冷的时间和降雪的时间及次数成正比，降雪次数的多少也和寒冷程度成正比，那么，那个时期的寒冷程度可以从对第一次降雪的时间和最后一次降雪的时间分析得出。竺可桢几乎查遍了二十四史中各个朝代关于降雪的描写，发现宋朝降雪是各朝代中最多的，其中又以南宋为最多。从 1131 年到 1264 年的 133 年间，南宋国都临安（今浙江杭州）春天的降雪，就有 41 次之多。

接着，竺可桢对古代和现代的气候资料及这些推论一起进行汇总研究，据此写出论文《南宋时代我国气候之揣测》，说明南宋时期比唐、明和现代都要冷，这和欧洲气象学家的结论是一致的。这不是随便猜测、推论，而是竺可桢经过几年呕心沥血的摸索得到的科学研究成果。他历尽艰辛，终于在自己辛勤开拓的中国气象科研园地里，栽培出第一朵中国气候变迁的科研之花。

1925 年、1926 年、1931 年，竺可桢又在中文学术刊物上发表了 3 篇相关论文，把中国气候变迁的研究向前推进了一大步。所有这些关于气候变迁的研究成果，经过提炼、补充和发展，最后凝结成《中国近五千年来气候变迁的初步研究》一文，该文也成为日后进行气候研究的重要参考。

筹建全国气象测候所

自从担任气象研究所所长以来，竺可桢脑中长期萦绕着发展全国气象事业的宏伟构想，并拟订出《全国设立气象测候所计划书》。

在计划书中，他阐述了气象与农业、渔业、航海、航空、水利及科学开发、破除迷信的关系，提出必须在全国各地划区设立气象台，根据实际情况，视区域大小及地形、人口，设立气象测候所。他的计划是10年之内，全国建设10个气象台、180个测候所、1000个雨量测候所，这样才能为全国各行各业提供基本的气象服务保障。

对偌大的中国来说，这只是最起码的要求，但在当时的情况下，要建设如此规模的气象台网只能是美丽的梦想。

尽管如此，竺可桢仍没有放弃。他一直想在西藏建立测候所。西藏高原的气候、天气变化，对东亚一带特别是长江流域的气候有重大影响。中央大学地理系的青年教师徐近之被任命为全国资源委员会青康藏调查员，准备进藏调查。竺可桢得知这一消息后，百忙之中抽出时间与徐近之会面。见面后来不及寒暄，竺可桢直奔主题，请徐近之帮忙在西藏工作时协助气象研究所在拉萨建立一个测候所。徐近之非常支持这项科学事业，于是，竺可桢派西宁的测候员王廷璋等人和徐近之一同前往拉萨。

当时入藏交通不便，语言也不通，还要克服高原反应。西藏高原平均海拔4000米，面积约123万平方千米。徐近之、王廷璋等人从西宁动身，历经3个月的艰苦跋涉，一次次闯过鬼门关，终于抵达拉萨。从那时起，中国人开始在“世界屋脊”上进行气象观测，南京的气象研究所通过无线电台收到了拉萨的气象观测和气候资料。

很快，竺可桢又亲自送气象研究所职员胡振铎、姜亚光、翟邃理三人登上了入川的轮船。那时从四川寄出的信件送到南京的竺可桢手中，需要 2 个多月的时间。蜀道之难，难于上青天。峨眉山海拔 3099 米，徒手攀登已是难事，而要在峨眉山上开展测候，其困难不言而喻。胡振铎等人不畏艰险，克服种种困难，爬上海拔 3045 米的峨眉山第三高峰——千佛顶，建立起中国第一个高山测候所，收集到了许多宝贵的资料。

紧接着，竺可桢又盯上了泰山。在泰山山顶有一座雄奇壮丽的日观峰。由于海拔较高，这里常有风云变幻、气象万千的天气景观，是观看日出的绝佳地点。在泰山玉皇顶道观有一个早期的测候所，竺可桢决定在这里建一个永久的高山气象台。

要建站，首先要解决的问题是资金短缺。竺可桢不得不亲自筹措资金，商议在泰山日观峰上建立泰山气象台。竺可桢还亲自到泰山检查气象台建设的进展。

中国很多地区认为“东南风，雨祖宗”。竺可桢经过询问却发现，泰山附近流传着“西南风，雨祖宗”的谚语。为什么这个地方和其他地方不同呢？带着疑问和好奇，他到处搜寻泰山的气象观测资料，经过研究分析得出，泰山风向和降水的关系之所以和其他地方不同，是因为泰山特殊的地理位置和气象条件。

经过一年多的努力，泰山日观峰气象台终于竣工，蔡元培高兴之余，亲自题写了纪念碑文。

泰山日观峰气象台由花岗岩建造而成，这里日出日落、林泉松涛，景色美丽奇幻，但是在这里坚持观测气象却是非常困难的，别的不说，单是那种寂寞就令常人难以忍受。气象观测员必须克服这些困难，日复一日地开展工作。起初这里只进行全天候观测记录，有 2 个测候员轮流值班，后来又增加了日射和紫外线观测项目。直到今天，这座坚固的高山气象台仍屹立在日观峰上。

培养气象科研队伍

把梦想变成现实的过程无疑是艰难的，除了建设全国气象台网存在困难，气象测候人员的短缺也是个很大的问题。

为了培养气象研究学员，在竺可桢的主持下，气象研究所先后开办了 4 期气象学习班。竺可桢亲自授课，总共培训了近百名学员，分配到各级气象部门。

当时的中国，先后发生了“九一八”事变和“一二八”事变，整个国家笼罩在战争的乌云下，但是，经过十几年坚持不懈的努力，气象研究所在全国各地建立测候所28个，由气象研究所协助各部门建成各级测候所50个。

从创建气象研究所到后来于1936年4月就任浙江大学校长，这8年是竺可桢进行气象学研究的高峰时期。作为气象研究所所长，他每天面对着繁杂的行政事务，而他的科研事务并没有因工作繁忙而耽误，诸多论著都是利用业余时间写出来的。

工作时，他精力充沛，效率奇高。他通常都是第一个到办公室，晚上最后一个离开。外出办事回到气象研究所，哪怕离下班只有半小时，甚至十几分钟，他也要利用起来，去做些观测和检查的工作。即便在车上、路上，他都随身带着书籍，有空就看。他坚持亲自动手搜集资料、查阅文献、分析论证，不知疲倦。工作之余，竺可桢还把外国一些专业期刊上的论文翻译成中文，交给有关刊物发表，供国内研究者参考学习。

科学研究需要实事求是、一丝不苟，竺可桢始终严格要求自己秉持这一原则。他的做法也感染了周围的人，对气象研究所的职员、学生在潜移默化中起到表率作用。

在竺可桢的影响和带动下，气象研究所学术研究氛围浓厚。当时，气象研究所测候员主要从事各种观测、天气预报、资料整编工作，为了培养他们的学习能力和观察能力，竺可桢也让他们承担部分研究工作。从 1929 年到 1937 年，气象研究所的工作人员共写出 20 余篇论文，发表在《气象研究所集刊》上，这些论文在与外国气象研究机构的学术交流中受到重视和好评。

在以前的气象研究中，竺可桢苦于气象资料难寻，深感资料缺乏对研究造成不便，决心不让后人再受此困扰。为此，他带领所里的气象工作者对当时能搜集到的中国气象资料进行整理、汇编。经过多年的努力，他们整编出了《中国之雨量》和《中国之温度》两部著作。

这两部著作凝聚着竺可桢及中国第一代气象科学工作者的心血，是两部资料性质的著作。书中翔实的统计数据来自他们多年的实地考察研究，让人一目了然的图表也是研究所的研究员们一笔一笔地手绘出来的。

捧着这两部还散发着油墨清香的著作，竺可桢感慨万千——它们清晰地记录了中国各地历年来的天气状况，为气象工作者和各个行业的从业人员提供了极其宝贵的气象资料。时至今日，它们仍具有很高的参考价值。

第四章 振兴浙江大学

经过反复考虑，竺可桢决定前往浙江大学出任校长，但他希望这只是作为过渡，一旦学校走上正轨，政府应另请其他合适人选担任。

临危受命

就在竺可桢全心全意发展我国气象科学事业的时候，1936 年 2 月 16 日早晨，他接到电话，说蒋介石有要事召见他。他心情忐忑，不知道蒋介石为何要召见他这个小小的气象研究所所长。

原来，“九一八”事变后，浙江大学等许多学校都要求政府抗日救国，但国民党政府不顾全国人民的抗日呼声，坚持“攘外必先安内”的策略，导致日军长驱直入，侵占了我国大片领土。1935 年 12 月 9 日，北京爆发了著名的“一二·九”学生抗日示威游行，政府调动军警镇压。第二天，浙江大学学生集会响应；第三天，杭州市的大、中学生也举行了声势浩大的示威游行。

当时浙江大学的校长是郭任远，此人学术成果很多，尤其是在心理学方面，被称为“中国的华生”。但他并不支持学生运动，配合国民党对学生实行军事管理，让军训教官和监督人员监视学生活动，处分参与游行的学生。他任内3年，被开除、退学、处分的学生达100多人，辞职的教职员工达50多人。郭任远的行为遭到了师生们的强烈反对。

12月20日，在郭任远的指使下，军警又拘捕了12名学生，浙江大学由此爆发了驱逐郭任远的罢课斗争。在把郭任远赶出校门的同时，学生们又向教育部请求另派校长继任。

浙江大学风起云涌的学生运动让蒋介石有点害怕，很多人向他推荐竺可桢来接任浙江大学校长。蒋介石也想利用竺可桢的声望来缓和学潮、笼络人心，于是让秘书电话约请竺可桢面谈。

竺可桢本不愿担任大学校长，因为大学校长事务繁杂，还要和政府打交道，而他不善于也不喜欢应对政府官员；更重要的是，他放不下气象研究所的工作。他从事地理、气象教学和研究已有20多年，中国气象学的开拓性研究在他的带领下已有很大进展，有些成果还领先于国际水平。在气象建设方面，比如气象广播、天气预报、高空探测等才刚刚起步，很多基本建设还急需加强，尤其是气象人才的培养还有许多工作要做，这些都让他不忍放手。虽然他担任大学校长后还可以兼任气象研究所所长，但是人的精力毕竟有限，所以他从蒋介石的会客室离开后，一时犹疑不决，便去请示中央研究院院长蔡元培，蔡元培建议他慎重考虑后再做决定。

这时，许多亲友、学生等都劝他接任校长一职，尤其是他的夫人张侠魂深明大义，鼓励他出任校长。她说，当前的大学教育问题众多，办教育者持心不正以致风气浑浊，此时有抱负的正派人士更应该出来担任校长，躬身入局，以身作则。

经过反复考虑，竺可桢决定前往浙江大学出任校长，但他希望这只是作为过渡，一旦学校走上正轨，政府应另请其他合适人选担任。

为避免重蹈前任覆辙，保证浙江大学的正常教学，他向当局提出了两个条件：一是政府不得干预校政，校长要有用人全权；二是政府要按时供给经费，保证学校的各项事业顺利开展。在得到政府的保证后，他才走马上任。

天下為公
孫文

融贯中西的办学思想

1936年4月25日，竺可桢正式来到浙江大学，这一年他46岁。他本想只是过渡，结果在浙大校长的位置上一干就是13年。

浙江大学创立于1897年，前身是求是书院，是中国近代效法西方学制最早创办的几所新式高等学校之一。竺可桢接任校长后，首先对浙江大学的组织机构、教师队伍、教学条件等进行了一番调查了解。他想起自己在哈佛大学学习的点点滴滴，决心借鉴哈佛大学的治学精神，对浙江大学进行改革。

4月25日下午，竺可桢召集全校学生800多人，发表了约一个小时的讲话，主要介绍他的办学方针。

首先，竺可桢谈到了浙江大学的使命。他说，要办好教育事业，必须了解过去的历史和目前的环境。“我们应凭借本国的文化底蕴，吸收世界文化的精华，才能培养有用的专门人才。同时也必须根据本国的形势，审察世界的潮流，所培养的人才才能合乎今日的需要。”

他指出，浙江是越王勾践卧薪尝胆、雪耻复国的故地，南宋以后，浙江成为人文荟萃之地。浙江省有许多为国家做出杰出贡献的学者，比如明末清初著名思想家黄宗羲、教育家朱舜水两位先贤，不但在学术上卓有成就，而且也是为民族利益奋斗终身的典范。他说，这二位先生留给我们的精神财富，一方面是为学问而努力，另一方面是为民族而奋斗。“单说这二位先贤，已足为今日民族屈辱中我们所以报国的模范。”他还强调了眼下国家情势危迫，迫切需要全国人民共同努力，发奋图强，加以改变。“今后精研科学，充实国力，大学生固然应负极重大的责任，而尤其重要的是养成一种组织和系统的精神。”他希望浙江大学的学生刻苦砥砺，不负浙江省过去光辉的文化传统和今后神圣的使命。

接着，竺可桢谈了办好一所大学的要素。大学要聘请一批好教授，要有充足的图书、仪器，以及达到一定水平的校舍，其中以教授人才的充实最为紧要。他说：“教授是大学的灵魂，一所大学的学风优劣，全视教授人选为转移。假使大学里有许多教授，以研究学问为毕生事业，以教育后进为无上职责，自然会养成良好的学风，不断培养出博学笃行的学者。”在他看来，中国宋代的白鹿书院、鹅湖书院之所以出名，就是因为分别有朱熹和陆九渊在讲学；英国剑桥大学的卡文迪许实验室以汤姆逊、卢瑟福，美国哈佛大学以罗伊斯等而著名。他同时指出，“要荟萃一群好教授，不是短时期内能办到，必须相当岁月”，他向学生承诺将“竭诚尽力，豁然大公，以礼增聘国内专门的学者，以充实本校的教授队伍”。至于浙江大学的图书、仪器和校舍，都较少、较差，需要新添和增建。

最后，竺可桢着重讲到学习态度，强调独立思考的重要性。他说：“我们受高等教育的人，必须有明辨是非、静观得失、缜密思虑、不肯盲从的习惯，然后在学时方不致害己累人；出而立身处世，方能不负所学。大学所施的教育，本来不是传授现成的知识，而重在开辟基本的途径，提示获得知识的方法，培养学生研究批判和反省的精神，以期学生有主动求知和不断研究的能力。”他还计划设立公费生，为那些家境贫寒而品学兼优的学生提供学习机会，使国家不致损失许多可造之材。

尽管竺可桢谦称自己不善言辞，但这次讲话却引起了很大反响。因为他讲的不是空谈，而是长期以来形成的教育思想。他的教育思想继承并融合了中国文化中书院教育的优秀传统，同时吸收了以哈佛大学为代表的西方先进教育思想。

这次讲话为他在浙江大学的工作打开了局面。他所强调的应一致抗日救国、独立思考、不盲从等观点，以及他谦虚、诚恳、朴实的学者风度，与前任校长唯我独尊、官气十足的作风截然不同，使浙江大学师生的精神为之一振，对学校的前途充满了希望。

竺可桢的这次演讲，是浙江大学改革的良好开端。

给浙大学子的“两个问题”

竺可桢担任浙江大学校长后，践行了自己的承诺，除了留用浙大已有的如苏步青、钱宝琮、蔡堡等知名教授，又把之前因不满前任校长郭任远独断专行做派而愤然辞职的蔡邦华、束星北等学者请回浙大，还约请老友胡刚复委以重任，并聘请了王淦昌、周承佑等一批国内知名教授来校任职。浙江大学一时群英荟萃，声名鹊起，暑期招生数量骤然大增。

为了践行自己的教育理念，培育更多有益于社会的人才，竺可桢经常勉励学生珍惜时间、刻苦学习，同时也注重培养学生的道德品格。

1936 年 9 月，竺可桢在浙江大学开学典礼上，对学生发表了感人至深的讲话：

> 诸位在校，有两个问题应该问问自己：第一，到浙大来做什么？第二，将来毕业后要做什么样的人？我想诸位中间，一定没有人说为文凭而到浙大来的，或者有的同学，以为到这里来是为了求一种技术，以做谋生的工具。但是，谋生之道很多，不一定到大学来，就是讲技术，亦不一定在大学。美国大文豪罗威尔氏曾说：“大学的目的，不在使学生得到面包，而在使所得到的面包味道更好。”教育不仅使学生谋得求生之道，单学一种技术，尚非教育最重要的目的。
>
> 这里我可以讲一个故事。中国古时有一个人

求神仙心切，遍走名山大川。吕纯阳发慈悲，知道他诚心，想送给他一点金钱宝贝，向他说道：“我的指头能指石为金，或任何物件，你要什么我便给你什么。”可是那个人并不要金钱宝贝，而要他那根指头。这故事西洋也有的，英文所谓 Wishing Ring，便是这个意思，要想什么就可得什么。世界上万事万物统有它存在的理由，朱子所谓“格物致知”就是即事而穷其理。要能即事而穷其理，最要紧的是有一个清醒的头脑。

清醒的头脑是事业成功的基础。两三年以后诸位出去，在社会上做一番事业，无论工农商学，都须有清醒的头脑。专精一门技术的人，头脑未必清楚。反之，头脑清楚，做学问办事业统行，我们国家到这步田地，完全靠头脑清醒的人才有救。凡是办一桩事或是研究一个问题，大致可分为以下三个步骤：

第一，以科学的方法来分析，使复杂的变简单；

第二，以公正的态度来计划；

第三，以果断的决心来执行。

这三点，科学的方法，公正的态度，果断的决心，统应该在求学时代养成和学习。中国历年来工商业的不振、科学的不进步，都是由于主持者没有清醒的头脑。瘟疫流行，水旱灾荒，连年叠见，仍要靠拜仙、求神、扶乩种种迷信方法。兴办事业，毫无计划，都是吃了头脑不清楚的亏。风水扶乩、算命求神等之为迷信，不但为近世科学家所诟病，即我国古代明理之君子亦早深悉而痛绝之。但到如今，大学毕业生和东西洋留学生中，受了环境的同化，而同流合污的人不少。大的企业如久大公司、永利公司和商务印书馆的成功，要算例外了。

近年来政府对社会所办的棉纱厂、面粉厂、硫酸厂、酒精厂和糖厂等，大多数是失败的。失败的原因或是由于调查的时候不用科学方法。譬如办糖厂，应事先调查在该厂附近地域产多少甘蔗，出产的糖销至何处，成本的多少，赢利的厚薄，与国外倾销竞争的状况。若事先不调查清楚，后来必致蚀本倒闭。这类事在中国司空见惯，如汉口的造纸厂、梧州的硫酸厂，真不胜枚举。还有失败的原因是用人行政重情而不重理，这就是没有公正的态度。用人不完全以人才为标准，而喜欢滥用亲戚。

每个机关、公司都应该多聘专家，计划决定以后，外界无论如何攻击，都应照着计划去做，这样才能成功。

盲从的习惯，我们应该竭力避免，不能因为口号叫得响一点，或是主义新一点，就一唱百和地盲从起来。我们要静心平气地观察口号的目的、主义的背景，凭我们的裁判，扪良心来决定我们的主张。若是对的，我们应竭力奉行；若是不对的，我们应尽力排除。依违两可、明哲保身的态度，和盲从是一样要避免的。我们要做有主张有作为的人，这样就非有清醒的头脑不可。

现在，要问第二个问题，便是离开大学以后，将来做什么样的人？我们的人生观应如何？有人认为中国人的人生观很受孔孟的影响，实际影响最大的还是老子。孔孟主张见义勇为，老子主张明哲保身；孔孟主张正是非，老子主张明祸福。孟子说，“天之将降大任于是人也，必先苦其心志，劳其筋骨”，诸葛亮“鞠躬尽瘁，死而后已”，这才不是享福哲学。老子说“祸莫大于不知足”，又曰“祸兮福所倚，福兮祸所伏”。

中国一般人的最后目的还是享福。我们羡慕人家说某人福气好，娶媳妇进门，即祝之曰“多福多寿多男子”，就是生子的最大目的，也就是想年老的时候可以享福。中国普通人意想中的天堂，是可以不劳而获的一个世界，茶来开口，饭来伸手，这种享福哲学于民生问题影响很大。

人以享福为人生最大目的，中华民族必遭灭亡，历史上罗马之亡可为殷鉴。现在的世界是竞争的世界，如果一个民族还是一味以享受为目的，不肯以服务为目的，必归失败。我们应该以享福为可耻，只有老弱残障才能享福，而以自食其力为光荣。英国国王在幼年时，必在军舰上充当小兵，唯其如此方知兵士的疾苦。全世界最富的人是石油大王洛克菲勒，他的儿子做事从小伙计做起，所以他们的事业能子孙相传不替。

多年前，中日同时派学生留学欧美，中国的学生一看见各类机械，便问从何处购买，何处最便宜；而日本的学生只问如何制造。那些中国学生只知道买，以享受为目的，而日本学生则重做，以服务为目的。中国从前学工学农的人，统是只叫工人农夫去推动机器、耕耘田亩，而自己却在一边袖手旁观，这样讲究农工业是不会进步的。中国古代轻视劳力，现在已经完全改变，样样应该自己动手，这种人生观的改造是极重要的。

以上所说的两点：第一，诸位求学，应不仅在科目本身，而且要正确地训练自己的思想；第二，我们人生的目的是在能服务，而不在享受。

演讲结束后，会场上响起经久不息的掌声，许多学生起立鼓掌，神情激动。从此，浙大学子牢记竺可桢的教诲，时常用“两个问题”来提醒自己，把为社会服务、为人民服务视为自己的责任。

作为校长，竺可桢不仅要管理行政事务，还要操心学生的日常生活。当时浙江大学的学生食堂一直存在问题，竺可桢发现后，立即派沈思筠去调查处理，并定下两个原则：一是学生监督，二是收支平衡。他每天还会同训育主任陈相青、沈思玛一起去食堂吃饭，了解伙食情况，并对学生嘘寒问暖。他们亲自监督，亲自检查，发现问题及时解决。浙江大学的师生和员工见校长与他们同甘共苦，都十分感动，愈加发自内心地敬爱这位校长。

到1937年3月，浙江大学已走上正轨，竺可桢的任期也结束了，但没有人希望他辞去校长的职务，大家都劝他留任。

浙大的艰难西迁

1937年7月7日，日本侵略军发动“卢沟桥事变”，悍然发动了全面侵华战争，这激起了中国人民抗战的怒潮。

8月13日，日本军队进攻上海，中国军队奋起阻击，抗日战争全面展开。日军的飞机沿着铁路线进行疯狂空袭，浙大所在的杭州也不能幸免。昔日美丽的西湖胜景满目疮痍，硝烟弥漫，百姓四处躲避仍性命难保，学生的生命安全也受到了威胁。

清晨，浙江大学的学生刚刚开始上课，刺耳的空袭警报便划破校园的宁静。从早到晚，师生们提心吊胆、惶惶不安，每天躲避空袭占去学生们大量的学习时间。

因为空袭频繁，不少人急于离开杭州。竺可桢经过审慎考虑，决定把浙江大学迁到一处僻静的所在，以躲避日军空袭，让师生们能安全地学习和生活。

经过多次实地考察后，竺可桢决定把一年级新生迁到天目山禅源寺内上课，把附设的高工、高农两校搬往萧山湘湖。11 月中旬，他又把二、三、四年级迁到杭州西南约 120 千米的建德。浙大师生员工从 11 月 11 日到 13 日，以三天时间分三批离开杭州，在夜间登船溯江西行，以免遭到空袭，15 日全部到达，19 日立即复课。这是学校长途西迁的第一站。

1937 年 11 月，战局开始发生急剧的变化。与此同时，竺可桢不得不考虑再次迁校，而且要迁得更远一些。这时，竺可桢听说江西泰和有办大学的条件，便亲自前去察看。经过实地考察，竺可桢发现那里的上田村有许多闲置的房屋，只要稍加修整就可以居住，而且建德到泰和的搬迁距离也是浙江大学的经济能力所能负担的。当地政府听说浙江大学的学生因避战要暂住此地，不但满口应承，而且房租分文不取。于是，竺可桢决定以江西泰和为第二次迁校的地址。

12 月 24 日，杭州沦陷，浙江大学千余名师生和家属

在建德县城休整补课39天后，又在竺可桢的带领下，沿富春江北上，开始了第二次长达700多千米的冒险大迁徙。

此时浙江各地因战争混乱不堪，客车已停运好几天，铁路车皮又都用于军运。由于船难雇，汽车难找，一路上困难重重。为了解决这些问题，竺可桢天天奔波于有关单位，商调事宜，直到人员和物资的运输有了着落后，他才放下心来。他为浙大师生奋不顾身、日夜操劳，又一次深深地感动了浙大师生，使他们对这位尽心竭力的校长产生了更加深厚的爱戴之情。

在浙大迁徙的过程中，即使面对动荡不安的教学环境和社会局势，竺可桢依然不忘大学的使命，积极利用浙大的各种资源为当地百姓服务。在泰和上田村，因临近赣江，十年九涝，导致田地荒芜，人丁不旺，文化落后，疫病横行，百姓生活苦不堪言。竺可桢考察过当地情形后，组织浙大师生从上流修建防洪土堤，旱时可以灌溉，涝时可以防灾，一举解决了世代困扰当地百姓的“顽疾”。这段不起眼的土堤，就被人们称为“浙大堤”，至今仍存。

战争年代，安稳的生活从来都是奢侈的。1938年7月初，当浙江大学在江西泰和的教学、科研工作有条不紊地进行时，战火又烧到了江西北部。竺可桢不得不准备再次迁校。

关于迁校问题，竺可桢征询过教育部的意见，本定为迁往贵州，但因路途遥远、交通不便，加上学校经费不足，他考虑再三，决定迁往广西宜山。

艰苦的战争环境，加上长期颠沛流离的生活，锻炼出浙大师生顽强的抗争精神。在两年半的时间里，浙江大学四易校址，横穿浙江、江西、广东、湖南、广西、贵州六省，行程2600余千米，一迁浙西建德，二迁江西泰和，三迁广西宜山，最终迁到贵州遵义、湄潭，并在这里办学6年。

据不完全统计，在遵义、湄潭的6年，浙江大学师生在国内外发表的论文数量超过了当时所有的中国大学的论文数量总和。英国《自然》周刊、美国《物理评论》经常收到来自中国湄潭的论文。就是在这样艰苦的条件下，浙江大学完成了一次出人意料的腾飞。

立“求是”校训

从 1938 年 8 月 13 日到 10 月底，浙大师生经过两个多月的长途跋涉，行程约 1100 千米，终于安全抵达宜山。

宜山在广西中部偏北，当时，尽管武汉已经沦陷，但是千里之外的宜山，除了偶尔响起防空警报之外，还算是一个安全的地方。这里风景秀丽、民风淳朴，可惜却是“宜山宜水不宜人”。宜山一带自古被称为“瘴疠之乡”，浙江大学的教师、家属和学生搬迁到这里后，由于不适应这里的气候，很多人感染了疟疾。

除了疟疾的困扰外，宜山的其他条件也非常简陋，破旧的大草棚被师生们用作教室、礼堂、宿舍。到了晚上，只能用煤油灯照明。

尽管条件艰苦，11 月 1 日，浙江大学在宜山的晚清旧军营里正式复课了。面对困厄的环境和疾病的折磨，竺可桢在开学典礼上作了题为《王阳明与大学生的典范》的演讲，并提出校训——“求是”。

演讲中他详细介绍了王阳明的学说，并把这个学说综合概括为三大要点，即“心即理”“知行合一”“致良知”，突出阐述了王阳明的“求是”精神。他说，王阳明先生正是因为有艰苦卓绝、不屈不挠的精神，顺利地战胜逆境，化险为夷，才能成就大功业、大学问。这种顽强克服困难的精神和屡蒙诬陷而矢志不渝的报国之心，是浙大师生学习的榜样。竺可桢的演讲，不时被阵阵掌声打断，激励了当时在困境中的全体师生。

1939 年 2 月 4 日，竺可桢对一年级新生作了《求是精神与牺牲精神》的演讲，进一步阐明了“求是”精神。他说：

> 浙大前身最早是求是书院，现在校务会已确定以“求是”为校训。什么是“求是”？就是“排万难冒百死以求真知”。在欧美科学史上有布鲁诺、伽利略、开普勒、牛顿、达尔文、赫胥黎等人的作为。由于有这些先贤的求是之心，他们凭自己的良心，“甘冒不韪”。有的虽因求真知被烧死、被囚

禁、被诟骂，或穷困潦倒一生，但仍不变初衷，终使真理得以大明，然后科学才能进步，工业才能发达。在中国也有不少具有“求是”精神的先贤。孙中山先生是一位，葬在杭州西湖边上的张苍水也是一位。

国家培养一个大学生不容易，在目前抗战的时候，国家财政困难，就更不容易了。之所以还要培养大家，是希望大家学成之后能在各界服务，做各界的领袖分子，把中国建设成为强国，使日本或别的国家不敢再侵略我们。要做将来的领袖，光学一点专门知识是不够的，必须有清醒而富有理智的头脑、明辨是非而不徇私情的气概、深见远虑而不肯盲从的习惯，还要有强健的体格和有牺牲自己、努力为公的献身精神。中国要强盛，只有靠中国人自己的力量，别人是靠不住的。培养这种力量，就是大家到浙江大学来的使命。希望大家对此有所了解，好自为之。

在竺可桢的倡导下，浙江大学正式定校训为“求是”。随后，竺可桢还请国学大师马一浮围绕“求是”校训，创作浙江大学校歌，以激励困境中的师生。

竺可桢立“求是”为浙江大学的校训，而他本人的一言一行，就是“求是”精神的最好体现。“求是”精神使他无论在多么艰难困苦的情况下，仍能为自己所选择的科学教育事业而呕心沥血、倾尽全力。

保护爱国学生

1941 年 12 月 27 日，日军攻陷香港。而在香港即将沦陷前，有许多著名爱国人士滞留香港，无法脱离险境。这时，重庆的《大公报》披露了一条令全国人气愤的消息：行政院院长孔祥熙派专机到香港，把妻子宋霭龄、女儿孔二小姐，以及大批的行李和 4 条洋狗接到了重庆。

看到当权者如此自私自利的行径，一石激起千重浪，人民压抑已久的愤怒被瞬间点燃。

远在昆明的西南联合大学学生举行了游行活动。此时，竺可桢接到教育部的电报，要求他阻止学生上街，因为当时浙江大学的学生也决定游行示威。

第二天清晨，遵义街头布满了军警。竺可桢深知形势的严峻，他不愿意看到流血冲突事件发生。考虑到学生们的安全，他召集各学院的院长来到学生的集会地点，力图劝阻群情激愤的学生。

面对一张张年轻而又愤怒的面孔，竺可桢强压着自己想和学生们一起出去游行的冲动，言辞恳切地说："同学们，我们都知道孔祥熙做的事情是不得人心的。可是，你们出去游行太危险，街上的军警早已荷枪实弹，弄不好就会受伤。"

他停顿了一下，又诚恳地说："你们在学校里可以集会，可以演说，可以出壁报，也可以发电抗议。这些方式都可以表达你们的愤怒。为了你们的安全，还是不要上街为好。"

学生代表说："竺校长，现在是什么社会？老百姓连起码的人权都没有。4 条洋狗可以坐飞机，而为国战斗的知名爱国人士却没有这个资格。竺校长，您也是有声望的爱国人士，对香港的那些同人，您难道不寄予同情吗？"

竺可桢语重心长地说："我同情他们，也支持你们，可我还是希望你们不要离开校园。"

竺可桢肩负的重担，使他满腔的愤怒无法痛快地发泄出来，也不能像学生们那样呐喊。

学生们仍七嘴八舌地反对道："把我们关在学校里有什么用？我们要向人民大众宣传，揭露政府当局的消极抗战、贪污腐败！我们要唤起民众！"

学生们一次次地恳求竺可桢让他们出去。他们昂扬激愤的情绪感染了竺可桢，竺可桢终于下定决心，对大家说："既然你们要游行，那就让我来领队，但必须排好队伍，保持秩序，勿与军警冲突。"

就这样，游行队伍出发了，竺可桢高举浙江大学校旗，领着教职工走在前面，中间是女生，后面是男生，整齐的队伍喊着口号走遍全城的大街。

途中，竺可桢找到警备司令张卓，要求军警不要干涉学生的爱国活动。一路上，游行队伍秩序良好，军警也未加阻挠。不过，学生们在前面刚刚贴上标语，军警就立即在后面撕掉。道旁的广大市民则对学生们报以热烈的掌声支援。在竺可桢的带领下，学生游行得以顺利进行。

贵州是国民党的模范省，浙江大学这次示威活动惊动了最高当局。蒋介石亲自给遵义警备司令张卓打电话，下令严查浙江大学的共产党。教育部和中统派了要员到遵义进行调查，形势顿时紧张起来。

一天深夜，国民党县党部书记叶道明带人拘捕了浙江大学助教潘家苏和学生滕维藻。原来，他们以查户口为名，在两人的住处搜出了“反动标语”。

深知叶道明为人的竺可桢说：“这里边一定有隐情！”他去县党部要人，可是，潘家苏和滕维藻已被押往重庆。为了还二人一个公道，竺可桢忍着脚上冻疮的疼痛，在严寒的遵义山城跛着脚四处奔走。

经过一个冬天不懈的调查，竺可桢查明这是一起栽赃陷害事件。他在中统的保单上签上自己的名字，把潘家苏和滕维藻保了出来。这是他几个月来东奔西跑、不懈努力的结果。

一波未平，一波又起。国民党特务又逮捕了浙江大学史地系学生王蕙和中文系学生、黑白文艺社社长何友谅。几经转移，他们最后被关在重庆青木关附近的“战时青年训导团”集中营。

青木关在重庆郊外。为了探望这两个学生，竺可桢早上5点就起床步行到北碚车站，等了2个小时才坐上公共汽车。下车后，他还要走一段蜿蜒于丘陵七八里的石板路，路上几乎见不到行人。但是他并不胆怯，因为这条路虽然艰险，却是一条通往公道的路。

竺可桢在名为“战时青年训导团”，实为关押进步青年的集中营里见到了王蕙。从王蕙口中，竺可桢得知何友谅曾经越狱逃跑，后被抓回，现在看管得非常严，不允许任何人探视。王蕙还告诉竺可桢，他们之所以被捕是因为那次大游行，关押期间审讯的内容都是关于那次游行的事情。

半个小时的探视时间很快就过去了，竺可桢难过地离开了那里。

竺可桢回去的时候，还发生了一个小插曲——有人越狱了。他等了2个小时，直到警报解除后才饿着肚子往回赶。不久，何友谅被国民党政府杀害；王蕙则在竺可桢的努力下，被保释出来。

留守迎接新中国

1947年除夕，全国上下的气氛极为沉抑。由于国民党政府的黑暗统治，已于1946年返回杭州的浙江大学的教职工们生活困窘，无以为继，纷纷来找竺可桢，向学校借钱度日。大年夜，竺可桢全家吃的是霉米饭。

只有少年不知愁滋味，院子里不时传来孩子们清亮的笑声，过年对他们来说是喜庆、热闹的。孩子们追逐打闹的身影，不禁让竺可桢回想起自己幸福的童年时光。在他的故乡绍兴，从腊月二十六起，人们就祭祖祝福，准备过年了。孩子们换上新衣新鞋，天不亮就从被窝里爬起来放鞭炮、吃年糕。那是过去的岁月里最快乐、最鲜活的记忆。而如今，面对三三两两、面黄肌瘦前来拜年的教职工，竺可桢和他们谈起时局，只有相顾叹息。

国民政府日渐陷入严重的政治危机、军事危机和经济危机，货币贬值，物价飞涨，钞票面额最大竟达

福

百万。抗战前一石米六七元，现在一石米涨到了五六万元。全国各地陆续爆发饥民抢米的风潮。就连一向富庶的杭州市，市面上也商品奇缺，各种食品被哄抢一空，大街上还常有抢劫事件发生，百姓叫苦不迭。

竺可桢一心想抓科研、抓教学，却不得不面对更为严峻的生存问题。俗话说，一分钱难倒英雄汉。他多次主持校务会议，研究学校有限的经费用度和师生员工的生活问题。有时他忍不住叹息道："校务会议讨论柴米油盐，恐怕中外教育史上没有先例。"

根据1948年岁末的紧急校务会议决定，竺可桢分别派人到杭州周围的萧山、兰溪、富阳等地购买了一批黑市米、高价食用油和木柴，以备不时之需。为人敦厚、认真负责的数学系教授苏步青，连日在富阳乡下的集市奔波，为浙江大学购回100余担木柴。

当时的大环境非常不好，为了挽救军事上的败局，国民党在政治上采取加强对广大民众控制的高压政策。

1948年12月，南京政府指示各大学准备"应变"迁移。浙江大学在全体教职工中展开调查，结果绝大部分教职工反对迁校。12年前，为了抗日，全校师生不畏艰难，四迁校址。如今，全校师生团结一致，反对南迁。

有人秘密告诉竺可桢，国民党特务手中有两份黑名单，一份是“反动分子”名单，一份是所谓“和平分子”名单，竺可桢的名字虽然被列入后一名单，但他已被国民党视为“另类”。竺可桢作为校长，其本心是维护学生追求真相、以“求是”精神治学做事的权利，至于当局的恐吓，他并不在意。

1949 年元旦，竺可桢收到了中国共产党杭州工作委员会的新年贺信，贺信内容诚挚恳切，希望他坚持工作，保卫人民财产，参加新中国建设。

亲历多年动乱，竺可桢相信中国共产党，相信中国人民和浙江大学师生的选择是正确的。因此，在风雨如晦的日子里，他决定留在学校，等待大变革的到来。

下定决心后，竺可桢的心情反而归于平静。在处理公务之余，他开始将精力放在对科学的研究和日常的学习上。

1949 年 4 月 28 日，教育部部长杭立武从上海来电，敦促竺可桢“尽快莅沪”，并称“教授愿离校，到沪后可设法”安排。接着，催促他去上海的电报接踵而至：“有要事相商，速来沪。”

竺可桢一路上都在猜测所为何事，他预感与学校“迁移”一事有关。到了上海，果然不出他所料，杭立武要他尽快前往台湾或广州，竺可桢事先已有所准备，因此当即予以拒绝。之后，为了避开“耳目”，他暂时住在上海的一个朋友家中。

这天，竺可桢外出时遇到了正要来拜访他的蒋经国。蒋经国对他说：“家父从舟山派我来上海，专程迎接先生去台湾。”

竺可桢婉拒道：“经国先生，历史兴替，大势已去，台湾能维持多久？”

竺可桢见蒋经国不作答，还劝蒋经国不必去台湾。蒋经国没想到竺可桢会如此果断地拒绝，只好悻悻地说：“人各有志。”随即两人不欢而散。

5月底，上海解放。清晨，竺可桢走上街头，薄雾未散，淡淡的晨光下，只见年轻的解放军战士席地而坐，纪律严明。他仿佛看到了新中国的光明前景。

他难抑激动的心情，来到闹市区，眼前是一片欢欣的景象：沿途人山人海，欢迎解放军的群众排成了人墙，人们敲锣打鼓，兴高采烈，女学生们争相把鲜花插在解放军的衣襟上……

5月27日，上海城里焕发着无限活力，竺可桢在日记中写道：

> 当年国民党自广州出师北伐，人民也像今日一样欢腾。但国民党自己不振作，包庇贪污，赏罚不明，才造成今日的倾覆。
>
> 解放军之来，人民如久旱之望云霓，希望能苦干到底，不要如国民党之腐化。科学对于建设极为重要，希望共产党能重视之。

此时的竺可桢和千千万万的中国人一样，怀着欣喜和希望的心情。

在上海期间，竺可桢几次接到浙大师生和上海浙大校友会的请求，热忱地希望他返回浙江大学继续主持工作。7 月 3 日，上海浙大校友会举行常年大会，内容之一就是热烈欢迎竺可桢校长，出席的校友 600 余人，盛况空前。大会以上海浙大校友会的名义向竺可桢献赠刻有“教泽广敷”四字的金质章，充分显示了广大师生对老校长的衷心爱戴，以及对他为办好浙江大学所做贡献的认可和感谢。

两个星期后，即 7 月 17 日，又有浙大校友 200 余人集会，恳切要求竺可桢早日回到浙江大学。

面对莘莘学子情真意切的邀请，竺可桢不禁动容，热泪盈眶，哽咽难言。他受命于危难之时，与浙江大学共度13个春秋，为教育事业历尽艰辛，如今浙江大学与13年前相比早已不可同日而语，他已经完成了历史任务。为了民族的振兴和国家的繁荣，他决心回归气象学事业，为国家的科学事业贡献余生。当时他已应邀参加全国自然科学工作者代表会议筹备会，所以，他辞谢了浙大师生和校友的挽留，表示自己不再回校担任校长，但他仍会时刻关注学校的发展，他深信会有更合适的人选担任校长。9月1日，中央人民政府决定由教育家马寅初接任浙江大学校长。

第五章

投身新中国科学事业

为了掌握第一手资料，竺可桢亲自参加实地科学考察，并在日记里记下了自己踏遍祖国山河的足迹。

参与中科院的建设

1949 年 10 月 1 日，竺可桢应邀登上天安门城楼，观看了气势宏大的阅兵式和群众游行。他无比兴奋和自豪。尽管他年近花甲，但为了新中国的科学事业，他“志在千里”，准备踏上新的征程。

一个月后，中国科学院成立，院长为郭沫若，副院长为陈伯达、李四光、陶孟和、竺可桢。竺可桢主管自然科学研究方面的组织领导工作，同时兼任计划局局长，也是唯一兼任局长的副院长。

此前 10 月的一天，同住北京饭店的郭沫若来到竺可桢的房间，跟他商量科学院怎么办，两人谈了很久。

事后，郭沫若对黄宗甄说："竺可桢对科学院今后怎么办，一条一条讲得很清楚。"并特别强调，"竺可桢是个老老实实的科学家，人很忠厚，以后院里恐怕是要靠他的。"

在确定研究机构改组方案的过程中，竺可桢顾全大局的高尚品格和实事求是的科学精神得到了充分体现。原气象研究所是竺可桢自1928年起苦心经营发展起来的，对我国气象科学事业的起步与发展做出了开创性的贡献。中国科学院成立后，竺可桢完全有能力把这个研究所保留下来，但是他没有这么做。根据当时学科的发展状况、国民经济的实际需要和研究所内一些科学家的意愿，他主张将它扩大为地球物理研究所，下设一个气象研究室。

中国科学院建院初期，竺可桢从多方面着手，为中国科学院凝聚研究力量。首先，中国科学院计划局对全国自然科学方面的人才进行摸底调查。根据各方面专家的推荐，当时有较高学术成就的自然科学家为865人，其中174人还在国外。经过竺可桢和其他院领导的努力，一批具有学术成就的科学家先后到中国科学院工作，就像当年在浙江大学努力延聘有学术威望的教授一样，竺可桢为了邀请这些科学家来科学院工作，倾注了大量心血。

新中国成立初期，竺可桢深感中国海洋科学事业的落后，经过一番努力，得到教育部门的支持，首先将山东大学的童第周、曾呈奎教授调到中国科学院，让他们与原北平研究院动物研究所所长张玺共同主持成立海洋生物研究室，并在此基础上将其壮大为多学科的综合性海洋研究所，致力于发展我国的海洋科学事业。

1951 年 5 月，为了使科学研究与国家边远地区的建设密切融合，中国科学院派出了西藏科学工作队。这支队伍经竺可桢精心挑选、组织，共有 48 人参加，前往西藏进行地理、生物、农业、社会、历史、语言、文艺和医药等方面的考察。这是有史以来第一次对西藏有组织的多学科科学考察。取得初步成果后，1952 年 6 月，中国科学院又派出土壤学家李连捷率领的农业科学家共 11 人再次进藏。

此外，根据国家在海南岛、雷州半岛和广西南部发展橡胶种植的规划，竺可桢组织了由多学科科研人员组成的考察队进行前期调查，这些调查标志着我国早期自然资源综合考察的开始。

当时，国家建设是重中之重，随之而来，综合性基础科学的重要性与日俱增。在竺可桢的组织下，调整新建了一些新的研究所。例如，在原地质研究所土壤研究室的基础上，新建了土壤研究所；在原地理研究所测量室的基础上，组建了武汉测量与地球物理研究所；在菌种保藏委员会和黄海化学工业研究所微生物发酵研究室的基础上，吸收北京农业大学的有关部分，组建了微生物研究所；等等。位于兰州的冰川冻土研究所和沙漠研究所，更是在竺可桢的亲自督导下建立起来的。

竺可桢也很重视并直接参与了自然科学史的研究。他认为，历史上的科学资料不但可以为经济建设服务，而且有助于基础科学的理论研究。在他的提倡和组织下，第三历史研究所（即近代史研究所）和地球物理研究所的研究人员从多种地方志、诗集里，收集到从 12 世纪到 1955 年我国有记载的地震信息近万条，加上 1900 年以后国内外地震仪器实测所得记录，汇编成《中国地震资料年表》和《中国地震目录》，成为地震学研究的参考资料。

为了开展中国古代科学史研究，在竺可桢的倡导下，中国科学院成立了由北京大学、清华大学教授和各部门负责同志参加的中国科学院自然科学史研究委员会，开展学术讨论活动。在此基础上，我国于 1957 年正式成立了自然科学史研究室，这对推动我国科学史的研究发挥了重大作用。

科学考察保生态

经过几年的努力，中国科学院的工作有了长足的发展。科研成果不断涌现，为社会主义建设事业做出了巨大贡献。这一切与竺可桢的努力是分不开的。

竺可桢认为，旧中国经济落后、生产力水平低下的原因之一，是对我国自然资源和自然条件缺少通盘调查和了解，以致在合理的开发利用环节显得更薄弱。新中国成立后，他意识到这项工作的重要性和迫切性，马上组织展开局部的自然资源勘察工作。

作为中国科学院综合考察委员会主任，竺可桢认为考察应该由简到难，早期考察应以普查为目的，主要考察对象是边疆待开发地区；第二阶段的考察则应转向重点深入，进入实验研究阶段，届时需要运用新的技术装备对长江和黄河流域的土壤、柴达木盆地的盐湖、沙漠的治理以及“南水北调”工程进行专业考察。

确定考察工作的内容、步骤后，从1950年开始，中国科学院先后派出地质队、土壤调查队，进行植物资源和水生生物资源的调查，配合铁路选线和厂址选择进行地貌与经济地理调查等。与此同时，随着西藏的和平解放，两次派出的西藏科学工作队也对西藏的环境进行初步调查，为西藏当地的建设提出了一系列有益的建议。

从1953年开始，为了治理黄河，中国科学院与水利部、黄河水利委员会合作，在竺可桢的亲自组织下，土壤、植物、地理等研究所参加了黄河流域水土流失的考察及定位实验站工作。

在这一系列的工作中，竺可桢进一步认识到我国丰富多样的自然资源是社会主义建设的有利条件，同时也意识到我国自然资源有其局限性，在实际开采使用中，必须对自然资源合理利用、精心保护、科学开发，否则不仅会使生态遭到破坏，还将给人类带来灾难。

为了掌握第一手资料，竺可桢亲自参加实地科学考察，并在日记里记下了自己踏遍祖国山河的足迹。

1957年，竺可桢会同中国科学院、林业部、农业部的有关专家及苏联专家一行40人，到海南岛考察橡胶作物和其他热带经济作物的种植生长状况。

同年 7 月，竺可桢带领 16 名中国科学家沿黑龙江而上。用整整一个月，对两岸的 11 个城市进行考察，提出了黑龙江水力资源开发的方案。

1958 年，竺可桢到新疆考察，乘坐越野车穿越茫茫戈壁，行程超过 4000 千米，历时近一个月，除阿勒泰外行程几乎遍及全疆，对于新疆的自然和人文情况进行了一次全面而系统的考察，为日后规划新疆的发展提供了大量第一手资料。

1959 年，为了在西北建立沙漠定位实验站，年近七旬的竺可桢先后四次到西北沙漠地区考察。从此，以中国科学院治沙队为主体的队伍，开始了科学治理沙漠的工作。

在野外作业时，竺可桢总是随身携带四样物品：照相机、指南针、气温表和高度表。每到一个地方，他首先拿出指南针，定好方向；然后用高度表测量海拔高度；接着用气温表测量温度；最后用照相机拍摄植物生长状况和自然生态环境。流程明确而完整，竺可桢一丝不苟地把所有情况一一记录下来，留作研究资料。

考察中，他常常忘了自己已年近七旬，凡事身体力行，经常把个人安危置之度外。在黑龙江流域考察时，他进入杂草丛生的原始森林，不顾森林中扑面而来的蚊虫；在黄河的滚滚浊流中，他乘小船顺流而下，考察黄河流域土地被侵蚀的情况，有一次小船搁浅进水，一船人险些遇难；他和年轻的考察队员一起去川西高原勘察“南水北调”引水路线，不仅登上海拔4000米的高山，还下到又窄又深，随时都有可能发生泥石流和山体滑坡的谷底；在广袤的新疆考察时，汽车几次在茫茫戈壁滩上抛锚，有时不得不在汽车里过夜，不仅要忍受巨大的温差，还要提防远处的野狼。

当年随同竺可桢参加科学考察的年轻人，如今都已是80岁以上的老科学家。对于当年和竺可桢一起进行科学考察的情景，他们记忆犹新。在那些艰苦的日子里，是竺可桢为他们树立了勇于探索、不畏艰险的榜样，是竺可桢让他们看到了一位科学家对待科研工作的认真、勤奋、实事求是的态度与精神，是竺可桢为他们指明了科学事业的前进方向。

走遍全国各地后，竺可桢的心情沉重，本来就沉默寡言的他，看到各地的生态环境遭到严重破坏的状况，心情更加沉重了。

他和其他科学家前往号称“天然植物园”的海南岛

考察时，远远望去，好像身处华北干旱地区的荒山，山峦呈现出一片灰黄的颜色。这些都是乱垦滥伐的结果。当地除了椰子树和橡胶树，已经找不到比碗口更粗的树了。

他和考察队来到神秘的云南西双版纳，这里的田野白天烟雾弥漫，夜里火光熊熊，令人触目惊心。大面积的盲目开垦，造成了严重的水土流失。很难想象，这里竟然还延续着几千年前远古时期刀耕火种的耕作方式！

他们来到河西走廊时，看到以前铁路旁种着的一片片红柳如今已被大量砍伐，农民每年要砍去1000多万斤红柳。他们并不知道，红柳堪称这里的“保护神”。红柳是固沙植物，被砍掉后造成风沙肆虐，不仅农田和村舍受到风沙袭击，就连世界闻名的艺术宝库——敦煌石窟也将受到威胁。在兰新铁路沿线考察时，竺可桢在心里默默地记下了一个数字：每隔半小时，这里就有7辆卡车满载砍下的红柳呼啸而过。

他和考察队来到内蒙古的巴丹吉林、毛乌素沙漠，身处一望无际的大漠，他不禁想起了那首著名的北齐民歌：“敕勒川，阴山下，天似穹庐，笼盖四野。天苍苍，野茫茫，风吹草低见牛羊。”那时，这里还是水草丰美的大牧场。他对考察队员们说：“自然万物是互相制约、

互相影响的，一旦破坏了自然界的生态平衡，森林被砍伐，草原被破坏，后果不堪设想。”说这席话时，竺可桢脸上满是掩盖不住的担忧与惋惜。

考察回来后，竺可桢总是在各种场合呼吁各级政府重视生态环境，切勿乱垦滥伐，防止水土流失和土地沙漠化的加剧。

有一次，竺可桢在中国科学院的会议上，进行了长达一个半小时的发言。他用考察取得的第一手资料，全面阐述了生态、资源对当时农业生产的影响，提出了改革农业生产方式的建议。

他在发言中指出，我国有近3000年的农业生产历史，历来只注重发展农耕业，不重视畜牧业和林业。汉字中的“男”由“田”字和“力”字组成，足以说明在田地里劳作是古代男子的主要任务。这种劳作方式延续了数千年，也引发了乱垦滥伐、大面积的土地沙化等问题。黄土高原因开垦过度造成植被严重破坏、水土流失，给黄河中下游人民带来了巨大的灾难隐患。

竺可桢在会上说：“‘前车之覆，后车之鉴’，我们的东北和内蒙古草原不能再重蹈黄河中下游的覆辙，草原地区应该成为牛、马、羊、骡的乐园。”他还说：“森林的主要功能是保护山地，如果人们一味地大面积开垦，必定造成严重的水土流失，肥沃的土壤会随风扬散，从空中飘到大海。”

还有一次，竺可桢根据自然资源综合考察的结果，在全国人民代表大会上呼吁开展自然资源保护工作，他说：“要在全国范围内建立自然保护区，学习国外先进经验，实现大自然的生态平衡，使人与自然和谐相处。”他明确指出，年降雨量不足350毫米的干旱地区，坡度超过35度的山地以及大江、大河的上游地区，应该绝对禁止开垦和砍伐，以保护这些地区的生态平衡。

他依据自己在野外考察获取的翔实资料，撰写并发表了《雷琼地区考察报告》《新疆纪行》《要开发自然必须了解自然》《让海洋更好地为社会主义建设服务》《向沙漠进军》等科普文章。这些文章深入浅出，内容生动丰富，分析透彻。

物候“曲谱”奏新章

20世纪60年代初，针对气候变暖问题，气象学家、时任中国气象局局长的涂长望在《人民日报》发表了一篇文章。这篇文章触动了竺可桢埋藏在心底十几年的想法，那就是运用自己掌握的大量材料，论述世界气候的变迁。

1961年3月2日下午，竺可桢再次找出明末清初历史学家谈迁写的《北游录》来阅读。这本游记体的书记录了当时的地理、历史、气候、风土人情、物产等多方面的情况。竺可桢最感兴趣的是其中关于气候情况的记录。清朝初期还没有气温表，书里记载的花开花落、江河封冻等许多物候现象却是给后人留下的珍贵的史料记录。竺可桢记不清这本书被自己翻看了多少遍。

《北游录》里有这样一段记载：1653年7月底，作者从杭州出发，溯运河北上，11月7日到达天津，11月18日看到宽阔的海河开始结冰。两天以后，他又来到运河岸边，这时运河的冰面已经相当坚固……

竺可桢一边看一边思索，突然灵机一动——如果把这本书中关于气候的记载一项一项地摘录下来，进行一番整理，对研究明清时期的气候变迁会很有意义。想到这里，他又从头读起，笔记本上留下了他摘抄的记录：

1654 年 4 月 8 日，北京海棠未放；5 月 1 日，在报国寺看海棠；11 月 2 日，西山见雪；11 月 3 日夜，有冰。

1655 年……

摘抄完毕，他脑中的研究思路已基本成形——如果以物候来确定从古到今气候的变化，不仅需要掌握古代各地的物候，还需要熟悉今天各地的物候。

二三十年来，竺可桢通过阅读中外文献资料，积累了丰富的古代气候和物候的材料。1949 年，他从杭州来到首都，从第二年开始，整整 12 个春秋，他始终坚持记录气候、物候的观测结果。

他走到书柜前，取出已经记了 12 年的日记，一页页地浏览，一页页地翻阅，一页页地摘抄。

摘抄过程中，一个新颖、奇特的想法又浮上心头：自己做了十余年的物候观测记录，这是一份记录北京春天大自然进行曲的“曲谱”，现在可以把这份“曲谱”整理出来，让大家一起欣赏大自然的奇妙变化。

一段时间后，“曲谱”整理出来了。在大自然这位“指挥家”的指挥下，北海解冻以后，山桃花、杏花、苹果花、海棠陆续开放；5月1日前后，柳絮随着轻柔的春风满城飞舞；当洁白的洋槐花从绿叶丛中探出笑脸时，北京短促的春天匆匆告辞，夏天来报到。有了这张表，北京的物候情况一目了然；有了这份粗略的“曲谱”，就可以衡量宋、元、明、清几个朝代北京物候“调子”的高低了。

整理好这份“曲谱”的第二天，竺可桢决定以十几年来积累的古今中外的气候变迁材料为依据，写一篇关于世界气候变迁的论文。这就是发表在1962年第31卷第4期《气象学报》上的《历史时代世界气候的波动》一文。在文中，他写道：

> 历史时代气候有没有变迁，这是一个争论很久的问题，不但历史学家对这问题有争论，天文学家和气象学家的意见也是很不一致的。从19世纪到

> 20世纪初期，欧洲的若干天文学家、气象学家，如法国的阿拉哥、德国的芳汉认为：二三千年以来，欧亚大陆的气候根本没有什么变动。所以一个地方只要有30年的记录，便可以认为这30年的平均气温和雨量代表这一个地方历史时期的气温和雨量的标准状况了。可是，近60年来世界各处气象记录的积累，物候的变迁，使得这种不辩证不合理的气候一成不变论完全被推翻了。

在文章的前半部分，竺可桢运用苏联、瑞典、埃及、美国、印度、日本等国科学工作者对各国史前时期和历史时期的气候状况的研究材料，说明古今世界气候的变动是普遍的而且具有一定的波动规律。文章的后半部分讲到我国的情况，竺可桢将物候表、运河冰封表、日斑与极光次数表等“曲谱”融入论文中，成为论文有力的论据。

根据谈迁的记录，1654年5月1日，北京报国寺的海棠花绽放。竺可桢的记录却是1955年是他到北京12年中最冷的一年，海棠花于次年4月27日开放。对比之后，可得出结论，300年以前的清朝时期比20世纪60年代要冷。而大量事例的积累也说明，那种认为“气候一成不变”的说法是形而上学的错误观点。

竺可桢的这篇论文旁征博引，纵横比较，用翔实的数据证明了历史上气候的变化波动，为国民经济发展、人民生产生活提供了可信的指导。

物候学的开创者

众所周知，一年有春、夏、秋、冬四个季节，而季节的划分又有各种不同的方法。

根据地球围绕太阳转动的位置，一年能均匀地分成冬至、夏至、春分、秋分四个时段，称为天文季节。根据大气环流和气候要素划分的季节，称为气候季节。根据物候现象划分的季节，称为物候季节。其中，物候季节的划分对农业生产具有十分重要的意义。

物候学和气象学是关联学科。气象学观测和记录一个地方的冷暖晴雨、风云变幻，了解气候变化的趋势和原因。而物候学是研究自然界的植物、动物以及环境条件周期变化关系的科学，主要记录植物在一年中的生长荣枯、动物的迁徙，从而把握气候对动、植物的影响。研究物候学是为了认识季节变化的规律，为农业生产和气象学研究服务。

观测物候，在我国有着悠久的历史，古代许多史料中都有相关记载。而物候学能真正成为一门学科，竺可桢堪称开创者和奠基人。

早在远古时期，农民就根据他们观察到的自然现象，划分并制定出一年的二十四节气，后来口口相传，才有了脍炙人口的《节气歌》："春雨惊春清谷天，夏满芒夏暑相连。秋处露秋寒霜降，冬雪雪冬小大寒。"二十四个节气的划分直接表现了气候特征。但是，各地气候又具有其特殊性。这些节气概括的气候特征，仅适用于黄河中游地区，不能代表广阔的黄河流域的气候特征，更不能代表全国各地千差万别的气候状况。

为此，竺可桢认为，应在全国各地开展物候观测，然后依据这些观测结果，编制出各地的自然历，以做出不误农时的物候预报。

20 世纪 20 年代初，竺可桢还在南京的东南大学执教时就开始观察并记录物候。从那以后，尽管四处迁徙，生活动荡不安，但每到一处，他仍在日记中坚持做物候记录：

1935 年 5 月 24 日（杭州）

晨阴，有阳光。金丝海棠盛开，代代花多落，东面一枝正开。桐花落。

1942 年 3 月 29 日（北碚）

油桐多已开花，温泉海棠将谢，山梅花盛开，今晚又闻杜鹃。

1948 年 3 月 28 日（杭州）

院中迎春花尽落，柿树见芽，玉兰舒叶，桃花落尽。

……

在流离不居的日子里，竺可桢记录这些物候现象不是出于闲情逸致、借物抒情，甚至也不是为了搞研究。因为当时所处的社会环境不具备搞研究的条件。他做这些记录更多的是出于科学家的行为习惯，对待客观事物真实记录的科学态度，以及对气象事业的认真和严谨。

新中国成立后，竺可桢一家定居北京，他的工作生活也安定下来，于是开始对物候学进行系统、深入的研究。

从 1950 年开始，竺可桢每天早晨上班前和下午下班后都会在北海公园出现。他早晨从公园的北门进去，从公园的南门出来；下午则从公园的南门进去，再从北门出来。日复一日，经年累月。如果哪天竺可桢没有到公园来，连公园的门卫都知道他到外地出差去了。

竺可桢坚持每天去公园，是为了定时定点观测物候。年复一年的冰融花开、絮飞燕来，每一个物候现象发生的时间、地点、特征，他都认真地记录在册。

观测物候，必须持之以恒，不能随意间断。竺可桢工作十分繁忙，除了中国科学院的工作外，还有许多社会兼职。最忙的时候，他的社会兼职达 20 多个。这一切已经占据了他大量的时间，但无论多忙，他都没有中断过物候观测和记录。

日复一日地早晚漫步北海公园，竺可桢感受到了季节更替的细微变化。

初春时节，坚冰开始融化，天空中有南来的雁阵。

仲春时节，榆树开花了，杏树开花了，玉兰开花了；红的红，白的白，在阳光映照下更添美丽。空气中弥漫着丝丝甜味。看着这一切，竺可桢也感觉神清气爽。

暮春时节，桃花谢了，杏花落了，枣树开始发芽，

紫荆悄悄地开花，燕子叽叽喳喳地叫着，飞来飞去，衔泥筑巢。当布谷鸟的一声声啼叫响彻晴空时，初夏便到来了。

乍看起来，这些观测琐碎、简单，但任何一项科学研究，都离不开这些看似平凡、重复的工作。只有在这些日积月累记录下来的资料的基础上，才能进一步归纳、分类、综合、分析，得出符合客观规律的科学结论。

竺可桢后来在其重要的科研论文《中国近五千年来气候变迁的初步研究》中，根据宋、金时期著名道士丘处机在北京长春宫所作的寒食节诗歌论述道："13 世纪的北京，杏花在清明时节盛开；700 年后的北京，杏花也在清明时节怒放。"这个看似简单寻常的结论，是他经过多年严谨的科学考证和物候观测才得出的。

1963 年，竺可桢与宛敏渭合作出版了《物候学》一书，受到广泛欢迎和好评。这是我国第一部系统研究物候理论、物候知识以及物候学在生产实践过程中所起重要作用的专门著作。

该书的另一位作者宛敏渭是竺可桢的学生，也是一位专门研究物候学的专家。1931 年他在南京的气象研究所研究班学习时，就开始跟随竺可桢进行物候学的研究。经历了 30 多年，他都没有中断对物候学的研究，积累了大量的资料。

撰写《物候学》这部著作时，竺可桢负责我国古代的物候知识、世界各国物候学的研究和发展状况，以及物候学的定义等部分；宛敏渭负责应用物候学的有关知识、预告农时的方法和我国物候学研究的展望等部分。

竺可桢在书中引用了我国古代典籍《礼记·月令》中的记载，用现代汉语译述后形象地描绘了2000多年前我国黄河流域初春时节的物候状况：

> 这时太阳走进了二十八宿中的奎宿，天气慢慢地和暖起来。每当晴朗天气，可以见到美丽的桃花盛放，听到悦耳的仓庚（鸧鹒）鸟歌唱。一旦天有不测风云，也不一定下雪而会下雨。到了春分前后，昼和夜一样长，年年见到的老朋友——燕子，也从南方回来了。燕子回来的那天，皇帝还得亲自到庙里进香。在冬天销声匿迹的雷电也重新振作起来，匿（蛰）伏在土中、屋角的昆虫，也苏醒过来，向户外跑的跑、飞的飞地出来了。这时候，农夫应该忙碌起来了，把农具和房子修理好。国家不能多派差事给农民，免得妨碍农田的耕作。

竺可桢在《物候学》中，十分注意语言文字通俗易懂，他把古代的、外国的有关物候学的理论知识深入浅出地加以阐释，方便不同文化层次的读者理解和接受。

为了使书本知识真正应用到农业生产中，他还运用农民的日常生活用语来说明问题。谈到物候学在生活中的应用时，他引用了我国北方普遍流传的《九九歌》：

一九、二九不出手；
三九、四九冰上走；
五九、六九沿河看柳；
七九河开，八九雁来；
九九加一九，耕牛遍地走。

这首《九九歌》中所说的“不出手”“冰上走”“沿河看柳”“河开”“雁来”“耕牛遍地走”，都是北方随处可见的物候现象。这些现象生动、准确地反映了我国华北地区的物候。

也许有人会问，在科学技术日益发达的现代社会，为什么不用现代化的手段，利用仪器仪表测出数据来指导农时，而要用传统的、古老的物候观测方法呢?

这是因为，物候是农作物生长所需要的许多条件综合作用的结果，客观反映了一定的时序关系。比如，我国华北地区流传一句农谚：“枣芽发，种棉花。”我国四川地区流传一句农谚：“菊花开遍山，豆麦赶快点。”显然，根据各地的物候特点制定出独特的物候历，是经年累月总结出来的，能简单、便捷地指导农业生产。所以，竺可桢说：

> 一个地区的物候历，只要一个普通农民受过短期训练，从一小块地面上，持之以恒地进行观测，便可做出。对于预告当地一年四季的农时，就大有裨益。中国向来以农立国，贾思勰已在《齐民要术》中提倡物候历。……现在国家建设以农业为基础，各省市花费少量的精力，依据物候学和农业气象学的原则，做出符合本地区农产特点的物候历，就会对农业生产起到极大帮助。

在竺可桢的倡议和推动下，经过多年努力，全国范围内建立起了物候观测网，统一了我国物候季的划分，许多省、市、自治区都有了适用于该地区的物候历，这对于指导和发展当地农业生产有重要意义。

古稀之年的新党员

竺可桢一生经历过封建帝制时期，也经历了军阀割据和国民党统治时期。作为一位饱经忧患、出淤泥而不染的科学家，他一直坚持科学救国的信念。新中国成立后，社会面貌及经济建设的巨大变化，增进了他对中国共产党的认识和感情，他也逐步变为共产主义者。

1962 年，中国科学院办公厅秘书处党支部举行党员大会，讨论并通过了竺可桢要求加入中国共产党的申请，吸收他为中共预备党员。这一年，竺可桢已是 72 岁高龄。

在《入党志愿书》中，竺可桢认真细致地写了一份近 2 万字的自传。他回顾了自己思想变化的过程，中国大地上日新月异的巨大变化使他认识到，只有社会主义才能救中国，只有共产党才能救中国！

竺可桢的入党介绍人是时任中国科学院党组书记张劲夫和院机关党委书记郁文。

在支部大会上，郁文简要介绍了竺可桢的情况，接着，竺可桢宣读自己的《入党志愿书》。随后，党员们在讨论中纷纷表示：竺可桢的道路，是一个爱国知识分子不断探求真理的道路。他在外国求学时以国家需要为重，回国后不仅开创并完善了国内气象研究工作，还在浙江大学培育高等教育人才，保护爱国学生。特别是新中国成立后，竺可桢担任中国科学院的领导，把自己的一切都献给了中国的科学事业。他博学多识，克己奉公，生活俭朴，关心中国的科学事业胜过一切，关心人民群众胜过自己和亲人。

事实正是如此，竺可桢一向严格要求自己，也不允许自己的子女和亲属有出格的举动，始终要求他们自食其力、艰苦朴素。他的子女和亲属从未享受过任何特殊照顾。

抗美援朝时，他将存在美国用来购买外文书刊的5000美元全部捐献给国家。

新中国成立后，组织上给竺可桢安排了一个警卫员，但他认为自己不需要，便常常让警卫员去帮助别人。他得知警卫员出身贫困，没受过什么正规教育，就给他买来书本纸笔，有空会教他学习文化知识。

竺可桢的入党大会，党支部邀请了许多党外的著名科学家来参加，包括吴有训、华罗庚、严济慈、尹赞勋等人。他们在会上陆续发言，向竺可桢表示祝贺，其中一些尚未入党的科学家表示也要争取早日加入中国共产党。

吸收竺可桢入党，对于加强中国共产党与广大知识分子特别是著名科学家的联系起了重要作用。

竺可桢入党后，无论工作还是生活，都更加严格要求自己，对自己能成为共产党员感到无比自豪和欣慰。

“身体是革命的本钱”

竺可桢早年在澄衷学堂读书时就意识到，没有好的身体就无法承受紧张的学习生活，将来更无法担负繁重的工作任务。经过不懈的努力，他不但从一名体质瘦弱的学生变成学校“智体并重”的榜样，而且与体育结下了不解之缘。他坚持锻炼的良好习惯坚持了一生，即使是在抗战中迁居贵州山区的那些艰苦日子里，他也坚持每天至少锻炼一个小时。遵义有山有河，他就因地制宜，或爬山，或游泳。他在担任浙江大学校长期间，规定在校学生每学期必修体育课，凡体育不及格者，一律不能升级、毕业。

担任中国科学院副院长后，他更忙了，但还是坚持天天锻炼身体。有一次，竺可桢从北京到广州出差，火车行驶了一夜，天亮时停靠在一个小站上，竺可桢迅速下车，找到一个人少的角落做起了广播体操。一套广播体操做完，他看看表，用了 5 分钟时间，离开车还有 3 分钟。当同行的人还在焦急地四处寻找他时，他已回到车厢。刚刚坐稳，火车就开动了。

多年后，竺可桢的秘书回忆往事，仍清楚地记得他头一次见到竺可桢的情景，刚交谈没几句，竺可桢就问他："你会游泳吗？"

秘书回答："不会，但是喜欢。"

竺可桢和蔼地说："你应该学会游泳。"

即使在数九寒冬，竺可桢也坚持游泳。这深深感染了秘书，他很快也成了一名游泳爱好者。

"身体是革命的本钱"，竺可桢认为，为了做好工作，进行体育锻炼是不可缺少的。曾经有人好奇地问他："您多少岁才停止运动？"他扬扬手回答："我 60 岁才停止打网球，70 岁才停止滑冰，76 岁才停止游泳。"

竺可桢的一生，始终是科研活动与体育锻炼同时进行的。即使不做剧烈运动，他也每天见缝插针地做广播操、打太极拳、散步，这些健身活动使他在科研工作中保持精力充沛、头脑清醒。正因为如此，他在工作中才能屡有收获；也正因为如此，他才能够长久地坚持科学研究。

有一年，他去上海参加一个会议。会议开始前，一位负责同志找来大会工作人员，要交给他一个任务。

"什么任务呀？"工作人员如丈二和尚摸不着头脑。

"先问问你，会不会游泳？"

"会呀。"工作人员莫名其妙，他见领导问得郑重其事，不免有些紧张。

"是这样的，竺老也来参加会议，他很喜欢游泳，如果他提出要去游泳，你就陪他一起去，必须保证不能出意外。"

原来如此，工作人员顿时松了一口气，心想：会程安排这么紧张，竺老又那么大岁数，不可能还去游泳吧！

谁知竺可桢完全出乎他的预料，果真在会议间隙提出要去游泳，而且一有机会就提出要去游泳锻炼一下身体，用更好的状态迎接后面的会议讨论。

还有一年，竺可桢和家人一起去北戴河休养。一天，他头戴一顶麦秸草帽跃进大海，向深处游去，眼看他离岸边越来越远了，见不到人影，只剩一顶淡黄色的草帽在蓝色的海面上浮动。不熟悉竺可桢水性的人不禁担心起来，问他的家人是不是出了问题，怎么只见草帽没有人。他的家人却很坦然，轻松地对旁边的人说："他在大海中劈波斩浪，已经到了'胜似闲庭信步'的程度，不会出问题的。"果然，过了一会儿，竺可桢安全"返航"。人们连声称赞，纷纷表示佩服。

竺可桢不仅自己热爱体育锻炼，还经常劝说亲人和朋友要重视锻炼身体。

中国科学院举行运动会时，竺可桢总是亲自主持开幕式，号召科研人员努力锻炼身体，不断增强体质，为科研工作的顺利进行加一道"保险栓"。

他的次子竺衡，四五岁时就被他带到游泳场去了。当时孩子年幼且胆小，不敢下水，他想了个巧妙的办法：让孩子抓住他的背带式游泳裤的背带，带着孩子下水，

北戴河

帮助孩子熟悉水性。渐渐地，孩子爱上了游泳，后来还在业余游泳比赛中夺得过杭州市的第一名。

晚年的竺可桢在北京定居。有一次，他的外孙女因病休学，在他家里养病。他对待晚辈并非一味地疼爱，而是关注如何解决问题。一天，他下班回来，从提包里取出一样东西放在外孙女面前。外孙女一看，是溜冰鞋！她表现出很不情愿的样子，一则自己不会滑冰，二则就算会滑，自己这个病恹恹的身体也吃不消呀！竺可桢看出了她的心思，循循善诱道："你看，身体不好，就失去了很多乐趣，学习任务也很难完成了。养病要积极地养，不能只是被动地休息和吃药，要靠锻炼改善体质。"这以后，他经常把外孙女带到滑冰场上，一点一点地教，从易到难，逐渐加大活动量。经过一段时间的锻炼、休息和治疗，外孙女恢复了健康，身体素质比以前更好了。

到 1966 年，竺可桢已经是 76 岁高龄，仍然能带领年轻的科研人员翻山越岭，到野外做科学考察。他精神抖擞，行动矫健，常常不自觉地便走在队伍前面。年轻的科研人员见状都竖起大拇指说："竺老真是老当益壮！"而这正是竺可桢坚持锻炼的成果。

第六章

熠熠生辉的科学精神

竺可桢顷刻间像年轻了几十岁，他兴冲冲地快步走到杏树旁，发现阳光下的杏树果然绽开了第一朵杏花。

坚持不懈实地观测

新中国成立初期，竺可桢一家搬进北京东城的一座院子里。很快，周围邻居家的孩子们都知道慈祥、和蔼的竺爷爷是个爱花的人。

一个春光明媚的晌午，和煦的阳光洒满庭院。院墙旁的一株杏树泛出一片淡淡的粉红，仿佛从天而降的云霞。竺可桢从外面回来看到杏花开了，立刻走近杏树，数了数，已经有四朵不同程度绽开的粉红色的花朵了。

这时，前院的一个女人领着她的孩子走近前来，孩子开口问道："爷爷，您又看花呢？"

"是啊，杏花开了。"说着，竺可桢走到那个孩子面前，问孩子杏花是哪一天开的。

“哪天？今天开的。”孩子被问得有些奇怪。

“那第一朵杏花是哪天开的？”竺可桢含笑补充了一句，孩子歪头思考，回答不上来了。他不明白为什么竺爷爷要知道第一朵杏花是什么时候开的。

竺可桢告诉他，知道这个是有用处的，并和孩子约定第二年留心观察，把第一朵杏花开的时间记下来。

冬去春来，转眼又是一年，春风吹绿了柳梢，吹绿了小草，吹皱了河水，吹鼓了杏树的花苞。这一天，竺可桢正在书房里看书，突然听见窗外传来孩子稚嫩而兴奋的声音：

“竺爷爷！竺爷爷！”

竺可桢赶忙走出书房，原来是前院的那个孩子。

孩子看见他后，激动地说：“竺爷爷，杏花开啦！”

“你知道是什么时候开的吗？”

“就在刚才！”

“是第一朵吗？”竺可桢被孩子的热情感染了，声音也变得充满活力。

“是！”孩子回答得十分响亮。

竺可桢顷刻间像年轻了几十岁，他兴冲冲地快步走到杏树旁，发现阳光下的杏树果然绽开了第一朵杏花。

竺可桢回到书房，打开笔记本，郑重地记下了这个日子，这天恰好就是清明节。

除了邻居家的孩子，竺可桢自己的子女也是他的“义务观测员”。

一个星期天，在化学研究所工作的儿子竺安回家看望父亲，只简单聊了几句生活和工作上的琐事，话题就转到父亲朝思暮想的物候观测上。竺安突然想起他们所院子里的杏树开花了，连忙告诉父亲。

“哪天开的？”竺可桢问道。

“最近这两天吧。”竺安记不清具体日期，只能给出模糊的时间段。

竺可桢严肃地说：“我需要的是精确的时间。你现在也搞科研工作，我们不能用‘大概’‘可能’‘估计’这类字眼，也不能用估测和推断来代替实际的观察。这是一个科研工作者最基本的工作方法。”

第二年，竺安下乡工作，去的是山区。春天来临时，山坡披上了桃树、杏树织就的绿纱。竺安想起了父亲的教诲，于是在紧张的工作之余，每天都走到村外去看杏树是否开花了。一天，两天，三天……终于，第一批杏花的花骨朵绽放开来。他记下这个日子，然后写了一封信寄给父亲。竺可桢看信后，对儿子的做法很满意，并把时间记下来，这一天又是清明节。

在竺可桢的笔记本中，密密麻麻地记着他每年用各种方法观察各种动植物的变化得到的结果。天气转暖时，燕子从遥远的南方回到北方，他记下这个日子；大雁排着整齐的队伍向北京人民告别南去，他也记下这个日子。青蛙鸣、金蝉叫、蜜蜂飞、蝴蝶舞，他都做过详尽的记录。竺可桢坚信，花草树木、燕子布谷，都是帮助人们做物候观测的活仪器。

有一年，竺可桢随一个代表团到莫斯科去考察访问。到达莫斯科的第二天，他听到了布谷鸟的鸣叫声，而且发现当地的布谷鸟每次鸣叫都只叫两声。当天，他把这个发现记在了笔记本上。

还有一年，已经进入麦收时节，按照竺可桢前几年观测的记录，布谷鸟已经迟到了几天。他像盼望一位小客人一样，焦急地等待它的光临。后来，他担心自己太忙，错过了布谷鸟的“歌声”，于是问妻子听到布谷鸟的叫声没有。

妻子肯定地回答："没有。"

"你最近帮我听一下，一定要把时间记下来。"

两天后，天上一只布谷鸟飞过，放开歌喉"高唱"："布谷——布谷——快快布谷！"

当天下午，竺可桢一进门，妻子就迫不及待地告诉他"小客人"光临的喜讯。竺可桢喜盈盈地回答："我也听到啦！"

从这些事例可以看出，物候观测是一项需要长期坚持的科学工作，必须有非凡的毅力。初看起来，这些观测不起眼，没有高深的理论，没有精密的仪器，只是日复一日地密切观察生活中动植物的变化。但正是这些简单、重复的工作，使人类能够正确而科学地认识自然成为可能。从这些积少成多、聚沙成塔的资料中，竺可桢归纳、分类、综合、分析、总结出了对国民生产、人民生活有益的建议，真正使他的科学研究做到从实际生活中来，又回归到实际生活中去。

洋为中用的科学家

新中国成立初期，一些西方国家对我国实行经济和技术封锁，我国只能向苏联寻求援助。竺可桢年轻时在美国留学，精通英文，并自学了德文和法文。新中国成立后，为了更好地向苏联学习，全国的学校都开设了俄语课。年逾六旬的竺可桢也不甘落后，开始学习俄语。

当时，竺可桢的老朋友、著名桥梁专家茅以升给他介绍了一位苏联教师，竺可桢坚持每周至少学习 4 个小时的俄语。每天清晨，只要没有其他事情，他便一边听俄语唱片，一边跟着朗读。

对于一个 60 多岁的老人来说，学习一门新的外语并不是件容易的事情。但竺可桢用心专一、锲而不舍，经过一段时间的学习，他已经可以翻着俄语词典阅读俄文著作了。

一直以来，竺可桢都很注意学习新成果、借鉴外国的先进经验。

在《中国近五千年来气候变迁的初步研究》一文中，竺可桢采取了近似验算的办法来印证自己的研究结果，进一步增强了研究的可信度和说服力，得出更加科学、严谨的结论。这篇论文得出了四个令人大开眼界的观点：

一是在近5000年中的最初2000年，大部分时间的年平均气温比现在的年平均气温高出2℃左右。当时1月份的气温（也就是气温最低的月份），比现在1月份的气温高3℃～5℃。

二是在那以后，气温时高时低，其中最低气温出现在公元前1000年（殷末周初）、400年（六朝）、1200年（南宋）和1700年（明末清初），浮动范围为1℃～2℃。

三是在每一个400年到800年间，可以分出50～100年为周期的小循环，温度范围是0.5℃～1℃。

四是在小循环中，任何最冷的时期，似乎都是从东亚太平洋海岸开始，寒冷波动向西传布到欧洲和非洲的大西洋海岸，并有从北向南移动的趋势。

上述结论主要是依据物候研究得出的。竺可桢说："物候是一种最古老的气候标志。"论文中引用的一些考古材料均来自当时最新的历史发现。竺可桢利用古史书所载物候材料研究最古老的气候标志，尝试掌握过去气候变动的规律到底正不正确，对此有些人持怀疑态度，但竺可桢很想用一种最新的科学方法来验证。

有一次，他在一本1965年出版的外国科技书中看到了这样的内容：

> 1947年，丹麦哥本哈根大学的一位物理学教授发现了一种可以测定古代气候的新方法。那就是在丹麦北部的格陵兰岛（由于天气寒冷，这里终年被冰雪覆盖）用钻机打井，钻头不断往下钻，冰样一点点被取出。这里厚厚的冰是几十年、几百年、几千年，甚至更长的时间一层层堆积起来的。根据取出的冰样深浅的不同，经过科学的方法鉴定，可以判断出哪块冰样是几百年以前冻的冰，哪块冰样是几千年以前冻的冰。然后，根据冰样里面包含氧分子和氧的同位素的比例，又可以判断冻冰的时候，气温比较高还是相当低。

这是西方科学家测定古气候的新方法，也是一种科学的方法。竺可桢看后十分高兴。按照习惯，他把书名记了下来，并细心地记下页码：665 ～ 666 页。

测定的结果如何呢？竺可桢就像清明时节盼望布谷鸟“小客人”那样，盼望早日知道格陵兰岛测定古气候的结果。但是，很长一段时间过去了，仍然没有得到消息。

他听说中国科学院院部图书馆订了英国出版的《自然》杂志和美国出版的《科学》杂志，于是找来秘书说：“你经常到图书馆看看，《自然》和《科学》两本杂志一到图书馆，你就帮我借来。”

这以后，他一到办公室，头一件事就是翻阅这两种外文杂志。《自然》杂志每月四期，他一期不落，一旦发现与气象科研有关的内容，就立刻抄在笔记本上。

没过多久，他的秘书离职了，他每次到单位后又总有事情要办，只能办完事再去借杂志，或者阅读时间无法保证，或者杂志已被借走。他听说中国科学院情报所的图书馆也订有这两种杂志，那里离他的住所不算太远，于是，他办了一张公共汽车月票，经常坐公共汽车去那里阅读。可惜的是，不久他便生了一场大病，疾病严重损害了他的身体健康，再想挤公共汽车去借阅外文科技杂志几乎不可能了。

作为一位爱读书、紧跟国外科研动态的老科学家，他总能找到读书的办法。

这天，竺可桢到邻居家去做客，这个邻居在中国科学院地理研究所工作。邻居见竺可桢来了，忙把他请进屋里。寒暄几句后，竺可桢开口说想请他帮忙借阅《自然》和《科学》杂志。邻居表示很乐意帮他这个忙。从此，竺可桢又可以及时看到外国的最新科研成果了。和以前一样，他一期不落地翻阅，终于看到了盼望已久的古气候测定结果。

1969 年《自然》杂志第 17 期上，刊登了格陵兰岛近 1700 年来的气温升降图，这就是丹麦哥本哈根大学用最新的科学方法测定而来的结果。

1972 年《科学》杂志第 25 期上，发表了另一张关于格陵兰岛气温的升降图，这张图记录了近 3000 年来岛上气温的升降情况，这也是用最新的科学方法测定出来的。竺可桢看完文章后，又在笔记本上认真地记下杂志期数及页码。

1972 年，竺可桢在修改《中国近五千年来气候变迁的初步研究》一文时，决定用国外这种最新的科学方法来验证自己的研究结论。

经验丰富的竺可桢在论文中以图表的形式，清晰地展示了两种研究结果。他把自己的研究结果用一条虚的气温变化曲线来表示，这条曲线直截了当地表示出哪个朝代气温高，哪个朝代气温低。接下来，他把这条曲线与格陵兰岛雪线高度的曲线放在一起比较，惊喜地发现两条曲线的波动几乎是一致的！

具体来看，4 世纪，中国是比较寒冷的，格陵兰岛在那段时间也比较寒冷；唐朝时中国比较炎热，格陵兰岛在那段时间也比较炎热；南宋和清初时，中国有两次降温，格陵兰岛在那两段时间也出现了降温。

由此可见，竺可桢的研究方法及得出的结论是完全正确的。他在论文的最后写道：

> 本文主要用物候方法来揣测古气候的变迁。物候是最古老的一种气候标志；用氧 -18 和氧 -16 同位素的比例来测定古代冰和水的古气温是 1947 年 W.D.Urry 的新发现，而两种方法得出的结果竟能大体符合，也证明了用古史书所载物候材料来做古气候研究是一个有效的方法。

作为一位通晓古今中外气候情况，并且能够融会贯通加以运用，善于做到古为今用、洋为中用的科学家，在任何时代都是不可多得的。

以科普向愚昧宣战

1973 年 10 月，竺可桢住进了北京医院。北京的秋天是一年中最好的季节，隔着病房的玻璃窗向外望去，秋日的晴空一碧如洗，一排排南飞的雁行掠过长空，绵长的叫声激起了竺可桢无限的遐思。他脑中像放电影一样回放了自己过往的经历：他想到了儿时，想到了留美时期，想到了当年带着浙大学生一次次内迁避战，想到了新中国成立后“走四方”的考察和在中国科学院的点点滴滴……

中国科学院不时有人来看望他，地理研究所的代表来医院时，给他带来了修订后再版的《物候学》。

《物候学》这本书被出版界称为“既是一部物候研究方面的开拓性著作，又是一部富有实践价值的普及读物”。

这本书第一次出版后，竺可桢收到了许多来自山西、四川、广西、河南、江苏、陕西、辽宁等地读者的来信，有的要求购书，有的反映问题，有的提出建议，内容不一。这些信件给了竺可桢极大的鼓舞，但因为工作繁忙，他一直抽不出时间来完善该书。这次生病使他有了大把空闲的时间，这些读者的反馈又激励他拖着沉重的病体，对《物候学》进行了修订。他结合相关领域的最新研究成果，增写了“一年中生物物候推移的原动力”“物候学与防止环境污染及三废利用”等章节，再次出版。

捧着新版的《物候学》，竺可桢斜倚在病床上，一页一页轻轻地翻看着，久病而显得苍白、憔悴的面容难得透出了红晕，他的脸上也浮现出久违的笑容。

他在这一天的日记里写下了自己喜悦的心情：“捧着修订后再版的《物候学》，内心的喜悦无以言表，仿佛见到了久别的孩子……”

作为我国科普事业的开拓者和领路人，竺可桢从青年时代起就开始为广大人民群众做科普教育工作。他说：“为什么需要更多的人了解科学呢？近代科学的进步如此迅速，已经使门外汉深感高深莫测。唯其如此，人民大众尤其不能不具有科学常识，如卫生常识、电气常识等。对于宇宙的常识，也应该人人具有。”

他一生中写了许多涉及地理、气象、气候、物候、科学史、农业、海洋、医药卫生、航空、天文、自然的保护和改造的科普文章，这些文章深入浅出，语言生动、有趣，摆脱落入生涩说教的窠臼。竺可桢尽己所能，锲而不舍地向愚昧无知宣战，孜孜不倦地宣传、介绍科学知识。

1926年，湖广大旱，农田荒芜，民不聊生。竺可桢当时在上海，看到政府官员在公署衙门里大设祭坛，向龙王祈雨，他在忧愤交加之下，撰写了《论祈雨禁屠与旱灾》一文，发表在《东方杂志》上。文章开门见山地写道：

> 本年（1926年）自入春以来，长江、黄河的下游，以及东北沿海一带，雨量极其稀少。于是各省政府当局纷纷把向老天爷求雨，要求百姓禁止屠宰牲畜家禽，作为当前抗旱救灾的唯一办法。
>
> 这样的做法若发生在欧美各国，必定会为国民所不齿，为舆论所不容，但在当时的中国却司空见惯。在提倡科学的时代，这样愚弄人民，对外令别

国耻笑，对内则使广大国民更加愚昧无知。所以，确实有必要使广大民众了解旱灾的由来和对付灾害的方法，有必要使广大民众认识到科学的重要性，并学习科学知识。

为了让人民群众和政府官员了解祈雨是多么愚昧无知、误国误民，竺可桢以他渊博的科学知识，论述了雨的形成及变化规律，介绍了气温、气压、洋流以及太阳黑子与日光辐射对气候的影响，告诉人们旱灾的形成是各种气候条件综合作用的结果。对待旱涝灾害，唯一切实可行的方法是防患于未然，植树护林，兴修水利，广设气象站。这篇写于 20 世纪 20 年代的文章，不但向广大人民群众宣传了有关旱涝形成的科学知识，而且对统治阶级的愚昧进行了毫不留情的鞭笞。

1932 年发表在《国风》第 10 期上的《说云》，是竺可桢另一篇著名的科普佳作。这篇不到 4000 字的文章包含了大量的科学知识，从云的形成、云的类型、云与雨的关系以及云之美四个方面，简单明了地介绍了气象学中有关云的知识，其中还包括对全球雨量状况与干旱形成的原因、云量与日照之间关系的介绍。

这篇文章行文优美，富有诗意，堪称科普作品中的美文。在“云之类别”一段，竺可桢用简约而形象的语言介绍了卷云、积云和层云三种常见的云。他写道：

> 卷云极细极薄，若薄幕，若马尾，或若丝之纤维，盖皆由冰针所集成者也，每现于风暴之先。……积云多见于日中，夏日尤甚，有如重楼叠阁者，有如菌伞凌虚者，有如群峰环列者，谚云“夏日多奇峰”，即谓此也。积云虽为晴天现象，但堆积过甚，易成雷雨，苏东坡诗有“炮车云起风欲作”句，所谓炮车云者，即雷雨云也。
>
> 层云作片状，近地者即谓之雾，现于朝暮之际，冬日较多，但鲜有降雨者，登高山见云海，殆皆是类云也。

在“云之美”一段中，竺可桢赞美了云雾的美丽，赞美了大自然的神奇。他写道：

> 至若云之美观，固已得明切之认识者久矣，溯自《竹书纪年》之《庆云歌》，“庆云烂兮，纠缦

缦兮”……地球上之纯粹美丽者，唯云雾而已。他若禽鸟花卉之美者，人欲得而饲养之、栽培之，甚至欲悬之于衣襟，囚之于樊笼。山水之美者，人欲建屋其中而享受之；玉石之美者，人欲价购以储之；若西施、王嫱之美，人则欲得之以藏娇于金屋……至于云雾之美者，人鲜欲据之为己有……“山中何所有，岭上多白云。只可自怡悦，不堪持赠君”之句，言云之超然美，洵为至切之谈。其后苏东坡由山中返，途遇白云，若万马奔驰而来，遂启笼掇之以归，咏赋以记之，但归家笼子打开，云即飞散，云之终不得为人之所有也明矣。且云霞之美，无论贫富智愚贤不肖，均可赏览。地无分南北，时无论冬夏，举目四望，常可见似曾相识之白云，冉冉而来，其形其色，岂特早暮不同，抑且顷刻千变。其来也，不需一文之值；其去也，虽万金之巨、帝王之严，莫能稍留。

在这里，竺可桢不仅仅是在写云，写神奇的自然景观，他分明是在描绘一个科学家自由而广阔的精神世界，用诗般的语言抒发他对大自然的向往和热爱，倾诉他对自己所钟爱的气象事业的一往情深，诉说气象事业给予他的人生乐趣。

新中国成立后，竺可桢工作非常繁忙。即使这样，他仍然坚持科学研究，坚持写作科普作品，而且都不失为上乘之作。

在他先后发表的和未发表的60余篇科普作品中，写于20世纪60年代的《向沙漠进军》是他这一时期科普作品中的代表作。该文是竺可桢为新中国青少年撰写的科普作品——《变沙漠为绿洲》中的一节。

这篇行文简洁的文章，科学而准确地说明了“沙漠是人类最顽强的自然敌人之一”。它埋没我们的园地，掩盖我们的屋宇，摧毁我们的森林。沙漠进攻的战线非常广泛，合起来可达地球上全部大陆面积的1/10。所以，人类对沙漠的战争是一场具有世界意义的战争。

文中竺可桢列举了古今中外的实例，说明沙漠的形成是由于乱砍滥伐、放火烧山、战争等原因造成的。风沙吹起，尘埃蔽天，白昼变黑夜，人烟萧条，这些触目惊心的描写使人深感征服沙漠的必要性和迫切性。接着，竺可桢用形象的比喻说明了以水为武器，以种植草地和培护森林为盾牌来征服沙漠、阻挡风沙的重要性。

竺可桢还以自己亲身考察沙漠的经历为例，科学地阐释了鸣沙现象的形成以及海市蜃楼的成因。文章最后介绍了新中国成立 10 年来我国西部六省治沙取得的经验和成果，启发人们利用沙漠的巨大风力和强烈日照为人类造福。

除了写作简单易懂的科普文章外，竺可桢还利用公共场馆设施加大科学宣传的力度。现北京动物园对面的天文馆，是我国设备先进的普及天文知识的场所，千千万万中国人在这里接受了天文知识的启蒙教育。当初为了筹建天文馆，竺可桢付出了许多心血。

新中国刚刚成立不久，竺可桢率先倡议在北京修建天文馆。得到上级的支持和批准后，他亲力亲为，参与了天文馆的整个设计建设过程。亲自为天文馆选购仪器设备。从天文馆的开馆到布展，他都详细过问。

周口店北京猿人发掘遗址之所以被开辟为永久性的人类历史展览馆，也是因为竺可桢的极力主张。

竺可桢还是北京自然博物馆筹建委员会的委员，他竭尽全力，默默地做了大量工作，就是为了让这个面向广大人民群众，特别是青少年，普及自然科学知识的博物馆早一天对外开放，向公众传递科学知识。

竺可桢付出宝贵的一生，在中国自然科学的原野上辛勤拓荒，他的身后留下了用科学知识耕耘过的土地，播下了科学和希望的种子，给后人留下了丰富的气象知识及对科学研究的求索精神。

最后的论文

1965 年，竺可桢已是 75 岁的老人。近一年多来，他明显感到自己的身体状况在走下坡路。别人跟他说话时，如果离得稍远一些就会听不见；他的左手小拇指和无名指一直发麻；每当久坐后站立，他常常感到一阵眩晕，眼前发黑；皮肤瘙痒症令他夜不能寐，还有眼睛畏光、视力减退等症状；一直正常的血压也开始偏低了。

竺可桢在日记中自嘲道：“物体下滑时有加速的物理现象出现，是不是人到了一定年纪后，身体的衰老也会加速呢？”尽管如此，竺可桢并没有放慢工作的节奏，也没有减少工作量。

医生曾多次劝告他，行起坐卧都要放缓一些。但他一旦投入工作，就忘了身体的不适，时间、年龄，乃至医生的劝告统统抛诸脑后。他有许多事情要做，还有许多尚未完成的事业和心愿。

1965 年，在竺可桢的直接组织和领导下，我国的地球科学工作者对青藏高原进行科学实地考察，取得了许多珍贵的第一手资料，完成了一项举世瞩目的工作。

按照竺可桢的计划，接下来要在这次考察的基础上，全面、深入地开展对青藏高原的各项科学考察工作。他向往那片神奇的土地，那是世界屋脊，是这个星球上海拔最高的高原。在地质构造、矿床的形成分布，以及对周围生态环境的影响等方面，都具有世界上其他任何地方所不具备的特点。

更重要的是，竺可桢期盼中国科学家能利用我国自然条件和自然资源的优势，尽快赶超世界上其他国家的科研水平，增强中国科研人员的信心，为人类的科学事业做出贡献。竺可桢认为，这既是中国科学家责无旁贷的任务，也是他个人义不容辞的责任。

多年以来，竺可桢一直潜心研究历史气候变迁。工作之余，他还打算在过去研究的基础上，对这一课题做更深入的探索和思考，以求尽早得出科学的结论。

20 世纪 70 年代初期，国际气象学界刮起了一阵不大不小的“台风”。一部分人认为，曾经使地球表面某些地方出现冰雪覆盖的“小冰期”又将出现，许多现在没有冰雪的地方，即将被冰雪覆盖。一些学者还散布悲观情绪，似乎地球到了“毁灭的边缘”。

在这一背景下，1972 年竺可桢重新修改他的论文——《中国近五千年来气候变迁的初步研究》。这篇论文写于 1966 年。当时为了出席在罗马尼亚召开的一个国际会议，他用英文写成。6 年过去了，很多情况有了新的变化和发展，竺可桢对许多物候资料、国际研究情况的掌握也比 6 年前又进了一步。但是，他的身体状况却大不如前。

1969 年，竺可桢患了肺炎，因没有得到及时治疗，身体一下子垮了。他被迫停止了较为剧烈的体育锻炼，改做广播操、打太极拳；不久打太极拳也坚持不下来，就改为散步；最后散步也无力坚持，又改为工作一段时间，就站起身来做深呼吸。面对这样的身体状况，他依然决定修改这篇论文。家人都为他捏了一把汗。

有一天，竺安来看望他，听说父亲要动手修改论文，

便提醒他以前已经写过一稿了。

竺可桢说："那是用英文写的。"

"找位同志翻译一下，不就可以了嘛。"

"不！我一边翻译，还要一边修改，有的段落要重写，有的段落要增加新内容。"竺可桢斩钉截铁地回答。

竺安担心他的身体吃不消，竺可桢却很有信心地说："我可以坚持下来。"

亲人们都知道，这与其说是他对自己身体健康状况的信心，不如说是他对自己的工作有钢铁般的毅力和坚定不移的信念，正是这股毅力和信念，支撑着他用衰弱的身体去完成未竟的事业。

年迈加上疾病，让竺可桢修改论文的进度非常慢，有时一天也写不满一页纸。此时记忆力减退也乘虚而入地来"欺负"这个垂暮却依然心有火焰的老人，原来如同刀刻一般装在他记忆仓库里的材料，现在却一片空白。有时为了查阅一份很简单的材料，他不得不翻上一整天书籍、刊物、笔记。

竺可桢患有肺气肿，寒冷天气时他特别容易感冒，每次感冒都严重威胁他的健康，也影响他的科学研究。但他仍然拒绝了国家分派的专用小汽车待遇，无论是到中国科学院图书馆或情报所查找资料，还是上街购物、进行物候观察，他都选择乘坐公共汽车。由于年老体弱，他经常费尽全身力气刚刚挤上公共汽车，却又被人群挤了下来。每次他上街，家人都提心吊胆，生怕发生什么意外。

在研究5000年来中国气候的变迁时，竺可桢搜集了无数材料。跟他一起工作的人说："这些材料都是像沙里淘金一样淘出来的，都是像大海里捞针一样捞出来的。"

确实如此，从最早的诗歌总集《诗经》到清朝章回体小说《红楼梦》，仅这些名著就有成百上千部。而像李白、杜甫、白居易、苏轼、陆游这些著名诗人，每人都有几百首甚至上千首诗流传至今，要从那么多诗歌中找出一两句关于物候和气候变迁的诗句，果真就像沙里淘金。比如说要找关于竹子的记载，应该到哪里去找呢？中国古代书籍中没有一本专门讲述竹子和气候变迁的关系，只有不计其数的关于竹子的诗、词、文章，分散在浩如烟海的文学作品、地方志、游记、笔记、科学著作、医学著作中。以最完整的二十四史为例，它从黄帝一直写到明朝，如果把线装的二十四史一本一本地摞起来，足有9米多高，单独一本宋史就有14000多页。

为此，竺可桢兢兢业业、勤勤恳恳、一丝不苟地工作，日复一日，年复一年，花了几十年的时间，从浩如烟海的历史典籍中把关于气候变迁的材料挖掘出来。

明朝的高攀龙写了一本《武林游记》，其中有这样一段记载：有一年的农历八月初十，他外出游玩，看到桂花盛开。高攀龙所游武林实际是现在的浙江省杭州市。在对照中国历史年代表后，竺可桢获知高攀龙外出是在1599年，而农历、公历对照表表明那一年的农历八月初十是公历的9月13日。这个日期让竺可桢不禁联想：在20世纪的杭州，桂花是什么时候开放的呢？

新中国成立以前，竺可桢在杭州居住多年，多次记录下桂花盛开的日期。他找来1936年和1937年的日记，果然，这两年都有记录：

1936年10月6日，桂花始开。

1937年9月30日，桂花开。

对比之下，明显可以看出高攀龙所处的时代，桂花盛开得早，也就是说那时的气候比现在要暖和一些。

有一次，竺可桢借到一本清代刘献廷写的《广阳杂记》，卷二中有一段吸引了他：

长沙府二月初间，已桃李盛开，绿杨如线，较吴下气候约差三四十日，较燕都约差五六十日。

这种在记录中已经做了比较的史料相当可贵。竺可桢马上把它摘抄下来，一边抄一边想，如果再和自己的观测做个比较，也许更能说明问题。他走到书柜前，取出 1947 年和 1948 年的日记，其中记载：

1947 年 3 月 21 日至 25 日，南京和杭州，桃花均盛开。

1948 年 3 月 13 日，杭州桃李均开。

也就是说，20 世纪 40 年代杭州的气候和刘献廷所处清初的长沙气候是差不多的。

在写《中国近五千年来气候变迁的初步研究》一文时，竺可桢为了找到这些例证，不知翻阅了多少史书、史料，又耗费了多少心血。工作的重负使他的身体状况一天不如一天。有一次，他去首都机场迎接外宾，大家都站在停机坪旁等候，一阵寒风吹过，其他人没有任何感觉，而他却险些被吹倒。他瘦弱的身体已经禁不起折腾了。但是，他仍然没有停下手中的笔。

一天，他的外孙女来看望他，发现本来就瘦弱的外公现在不但皮包骨头，而且脸上满是倦容，于是心疼地劝他别再写了。

竺可桢摇了摇头，用缓慢而坚定的语调回答说："不能。"

"那么，您口述，我来给您记录，成吗？"

竺可桢又摇了摇头，仍然坚定地回答说："不成。"说着，他把手头的几页稿纸推给外孙女，然后又补充了一句："我一边写还要一边修改。"

为了能帮上外公的忙，竺可桢的外孙女想了一个办法：外公已经改过的部分由她抄写，然后外公再修改。竺可桢觉得这个办法还算可取，便接受了这个建议。

于是外孙女坐下来，铺开稿纸，一页一页地抄写起来。她想，应该尽可能抄得工整，以便外公修改的时候看得清楚些。她抄了一页又一页，原以为很快就可以抄完，谁知等天黑下来，桌上还有一沓稿子没抄，她只得带稿子回家继续抄。

几天后，她把抄完的一部分拿给竺可桢，恰巧竺可桢正在看她前几天抄好的稿子。她悄悄坐在外公对面，紧张地盯着他，担心自己有抄错或者漏掉的地方。不一会儿，她看见外公的眉头皱了皱，接着把稿子放下，拿起红笔在一个字下面加了四个点。她凑过去一看，原来自己把“黑陶文化”抄成了“里陶文化”。接着，外公又在一个地方点了四个点。又过了一会儿，外公再次放下稿子，用红笔划掉一个“下”字，改为“背”字。是啊，人们一般说“背风”，而不说“下风”。她越看越惭愧，后悔自己太粗心，稿子竟抄错了这么多。等外公把前一部分看完，她拿起稿子一看，原来自认为工整、干净的稿面，被勾画上了一个个红圈，加上了一行行红字。这些细小的错误，一个也没能逃过这位老科学家锐利的眼睛。这是多么严肃而认真的科学精神啊！

竺可桢总共在外孙女抄写的稿子上做了303处修改。又过了几个月，经过反复校正的稿子被拿去打印出来，竺可桢又进行了校对和修改。后来，稿子拿到杂志编辑部，打出校样，他再次仔细读校全文。

杂志社的工作人员把清样送来给他审阅，他从头到尾看了一遍，对个别地方仍然不满意，于是又拿起钢笔，继续修改润色。改完以后，他嘱咐来取稿子的编辑说：“开

印以前，我还要再看看。”编辑感到很为难，只得请他身边的同志和竺可桢商量：“没有大的变化，是否就不要变动了？”编辑委婉地说明情况，希望他别再修改了。

1972 年 12 月，《中国近五千年来气候变迁的初步研究》在反复修改后，发表在当年的《考古学报》第 1 期（总第 37 期）上。

当时已经 82 岁的竺可桢用满腔热血浇灌出了这朵芬芳、绮丽的科研之花。此时距他发表首篇关于中国气候变迁的科研论文《南宋时代我国气候之揣测》，已经过去了整整半个世纪。

《中国近五千年来气候变迁的初步研究》一文，是竺可桢凝聚近 50 年心血完成的一篇大作，他在文中既引用了大量中国古代的文献典籍，又介绍了现代科学研究的最新成果；既体现出博大精深的中国文化内涵，又不失科学的立论严谨、谨慎求证。

竺可桢的研究成果表明，地球上气候的变迁自古有之，是周期性、普遍性的，扎实的论证否定了当时国际流行的“世界将进入小冰河时期”的论点。

这篇论文发表后，受到了科学界的普遍重视。许多国家的自然科学杂志纷纷转载该文，并配发了评论。日本气候学家吉野正敏说："在气候学研究的历史进程中，竺可桢起到了巨大的推动作用。他对古代气候的研究，走在了世界的前列。"英国《自然》周刊评论道："竺可桢的论点是特别有说服力的，他的论著着重阐述了历史上气候变迁的经过。西方的气候研究学者无疑将为得到这篇综合性的研究文章而十分高兴。"

1973年5月27日，周恩来总理在人民大会堂会见美国科学家代表团，竺可桢参加了会见。

这一天，北京的天气格外晴朗，已是初夏时节，绿树成荫，燕子在碧空中穿梭往来。在美国客人到来之前，周总理和竺可桢亲切地交谈起来。周总理愉快地向竺可桢提到他写的《中国近五千年来气候变迁的初步研究》，对他取得的学术成果表示祝贺，称赞这一成果在国际上受到重视，为中国科技界争了光。

会见后第二天，竺可桢召集中国科学院有关人员到自己家中，向他们传达了周总理对科学家们的殷切希望，以及对气候变迁问题进行更深入研究的要求，并决定以此为主题召开一次座谈会。

几天后，座谈会如期召开，但竺可桢的肺气肿却转成了肺心病，他抱病出席座谈会，之后便卧床不起。

竺可桢很清楚，在中国的气候变迁研究领域，还有很多工作要做。他对自己的一个学生说："《中国近五千年来气候变迁的初步研究》只谈了历史上的气候如何变迁，而没有涉及历史上的气候为什么会变迁。只谈了How，而没有谈Why……"

他当时的健康状况已经不允许他继续钻研这项他所热爱的科学研究了，只能寄希望于引导后学继续深耕。这是他未了的心愿，也是他几十年来孜孜以求的事业。

嵌入生命的气象事业

1971年，81岁的竺可桢回首往事，感慨万千，提笔写下一首诗：

光阴似流水，逝者不停留。
新旧交替速，一日如三秋。
电弧代油烛，塑料顶棉绸。

腾云不足道，广寒可漫游。
昔称病夫国，今反帝与修。
工农秉国政，士子牧羊牛。
物富仓廪足，人勇大江泅。
我生仅八十，胜于千古周。

诗中，竺可桢表达了自己对科学救国事业的执着、乐观、豁达的心态，他对生活充满了热爱，对国家的未来更充满了信心。

但是在1973年以后，竺可桢的健康状况一天不如一天。

中国科学院机关位于北京三里河，83岁的竺可桢有时需要去那里处理事务。他的办公室设在二楼，爬二三十节台阶上到二楼，他需要休息两三次，常常累出一身虚汗。

在家里看书，他也只能坚持一个多小时。他的呼吸机能日渐衰弱，呼吸能力和肺活量远不及常人，稍一活动就气喘不已。

当时，海外的科学研究水平高于中国，为了能够广泛联系更多的海外科学家，竺可桢以极大的毅力，尽可能多地参加一些外事活动。他渴望为中国贫瘠的科研园地“施肥”，汲取更多的知识和先进的技术。

这时，随着中美关系的解冻，两国的关系逐步正常化，一批又一批美籍华裔科学家在离开中国几十年后纷纷返回故里观光省亲。中美科学家之间又展开了正常的学术交流，这是竺可桢盼望已久的事情。

一批批的科学家回来了。著名的物理学家杨振宁、李政道，著名的数学家陈省身，早年与竺可桢同船赴美的好友赵元任，都回到了故土。

尽管身体十分虚弱，竺可桢还是振作起精神，以中国科学院副院长和中国科协副主席的身份参加了接待工作。

工作之余，竺可桢还特别关心早年的旧友和学生，希望能更多地向他们介绍祖国科学事业的发展和需要，希望他们能为祖国的建设事业和科学事业的发展贡献力量。

春夏之交，杨花飞絮，槐花飘香。竺可桢的肺心病又犯了，他再一次住进了医院，从未有过的衰弱感涌上心头，他预感到生命的终点即将来临。

住院期间，竺可桢回顾了自己的人生。在历史长河中，人的生命是短暂的，而人所为之献身的事业则可以永恒。想到这些，竺可桢十分欣慰。他在给老朋友、西北农学院院长辛树帜先生的信中写道："我们应以达观为怀，有生必有死，这是科学的规律……我们生逢其时，一生可以胜过古代千载，我们是多么幸运！"

在生命最后的时日，竺可桢放心不下的，仍是自己为之奋斗一生的气象科研事业。

一个从事气象科研的学生来探望他，谈起论文《中国近五千年来气候变迁的初步研究》，竺可桢吃力地摇着头说："这只是初步研究，还有很多工作没有做……"他一遍遍地嘱咐学生一定要把研究坚持下去。他相信自己的学生能继续这方面的研究工作，将中国甚至世界气象学研究提升到一个新高度。

竺可桢记了一辈子日记，他的日记伴随了他一生。在最后的日子，他的日记依然记载着：

1973 年 6 月 6 日

往年 5 月底就可以在北京城里听到布谷鸟叫，而今年直到今天还未曾听到。可能是空气、土壤污染，造成大批候鸟死亡的缘故。

……

1973年6月23日

吴世昌来信提到关于渤海完全结冰的一次记录，是我所不知道的。

这个记录在《资治通鉴》卷九五，晋成帝咸康二年（公元336年）。以后修改论文一定用上此材料。

……

1973年7月13日

审阅《中国近五千年来气候变迁的初步研究》中译英文稿。

……

1973年12月31日

苏联气象学界又在宣传全球气候变冷的消息，说列宁格勒（今圣彼得堡）近些年来比1940年前后低了1℃。我在《中国近五千年来气候变迁的初步研究》中已指出，这类摄氏度上下的变化，在过去5000年中极为普遍，算不得地球变冷的证据。

……

1974年1月23日，是中国人民最重视的传统节日——春节。这段时间，竺可桢的病情较为稳定，精神也很好。自住进医院以后，他已经有半年没有回家了。医生根据他这段时间的病情，同意让他回家过年，与亲人团聚，并再三嘱咐他和他的第二任夫人陈汲，必须注意保暖，千万不能感冒。

1 月 20 日，竺可桢回到家里。1 月 22 日是除夕夜，回家团聚的儿女吃过了年夜饭，怕影响竺可桢休息，便早早回了各自的住处。竺可桢安安静静地躺在床上，看陈汲一个人忙里忙外，收拾家务。

“允敏。”竺可桢轻轻叫了一声。允敏是陈汲的字，平日里只有竺可桢这样称呼她。

陈汲应了一声，端来一杯水送到竺可桢的床头。

“允敏，我身后有一件事要办。”

“什么事？大过年的，以后再说不行吗？”陈汲连忙岔开话题。

竺可桢摇摇头，一脸严肃地说：“这是一件很重要的事。”

原来，竺可桢想把女儿名下的一笔存款，在他走后全部作为党费上交给党组织。这笔存款是怎么回事呢？

1966 年 8 月，竺可桢主动申请把自己的工资削减 1/3，但党组织没有同意他的要求。于是，竺可桢就逐月把工资的 1/3 拿出来存入银行。7 年过去了，这笔存款数额已达 11000 余元，而在此期间，即使在入不敷出的情况下，竺可桢也从来没有动用过这笔存款。他这种对党和国家无限忠诚的精神令人感叹和敬佩。

竺可桢对陈汲说，对子女不可溺爱，要教育他们自强自立，绝不能让他们有依赖父母的心理，给子女留下多余的钱，等于给他们留下祸害。

在这个窗外鞭炮声声、窗内静悄悄的除夕夜，竺可桢郑重其事地跟陈汲谈及这些，陈汲知道他是在交代后事，强忍着眼泪答应了他。

1974 年 1 月 23 日，大年初一，小院里仍然很安静，远远地传来鞭炮声和孩子们的嬉笑声。

陈汲谢绝了一切来访的客人，只让竺可桢的外孙女婿、高能物理学家汪容进到竺可桢的屋里。此时竺可桢已呼吸困难，说话的声音很低。他向汪容了解高能物理研究领域中的一些问题，还问及国际理论物理研究的前沿课题。汪容一一解答。

每当谈及这些科研话题，竺可桢的神情就特别专注。陈汲注意到，竺可桢的眼睛里释放出一种她熟悉的神采，那是智慧的光亮，是科学之光照耀下的幸福模样。

1月24日，大年初二，竺可桢低烧并发肺炎，再次住进了医院。

2月6日，竺可桢病危。他用颤抖的手，写下了一生中的最后一页日记：

> 1974年2月6日，气温最高 −1 ℃，最低 −7 ℃。东风一至二级，晴转多云。

他吃力地写完这些以后，又提起笔来，缓缓地在旁边注上“局报”两个字。之后，他仿佛完成了一件心事，深深地长呼一口气。

一直以来，每天在日记上记录的气温，都是竺可桢亲自到室外用温度表测定的，这是他从青年时代就养成的习惯。但这一天的气温，他却只能按照天气预报记录了，所以，他特意注明“局报”。在生命的最后一刻，他以气象学家一以贯之的严谨，留下了最后一条气象记录。

1974年2月7日凌晨4时35分，竺可桢停止了呼吸。中国自然科学史上一颗明亮的巨星陨落了。

1984年，是竺可桢逝世10周年。中国科学院在北京举行了竺可桢逝世10周年纪念会，并设立了“竺可桢野外科学工作奖”，以纪念中国这位杰出的科学家和教育家、地理学和气象学的一代宗师。竺可桢曾工作和生活多年的南京市也成立了竺可桢研究会，这个研究会后来发表了许多科研成果。

改革开放为九州大地带来了经济的腾飞。在“尊重知识，尊重人才”蔚然成风的时代，人们格外怀念那位在风雨如晦的岁月中坚守浙江大学校园的校长，以及在数个领域中做出过杰出贡献的科学家。

1987年4月1日，是浙江大学建校90周年纪念日（后改5月21日为校庆纪念日），海内外数以千计校友相聚浙大。

这一天，一座高2.9米的竺可桢全身铜像在浙江大学校园与众人见面。在阳光照耀的草坪上，竺可桢谦和地微笑着面对从海内外赶来参加揭幕仪式的浙大校友。其中有许多曾经是他的学生，他们中的很多人已经成为国内外有名的专家学者。但无论身在何处，他们都不会忘记在那些艰难的岁月里，竺可桢对他们的谆谆教诲。浙江大学的“求是”校训已经化作巨大而无形的精神财富，指引他们在漫漫人生路上稳健前行，并将永远传承下去，造福中华民族的子子孙孙。

科学事业的兴旺发达，祖国的繁荣昌盛，是竺可桢一生的夙愿。如今，浙江大学校园里以及无数奋战在科研战线上的工作者，那些青春洋溢的面孔、随风飘动的黑发、充满活力的身影，是振兴中华民族科学文化的希望所在，也是他永远看不够的最美丽的风景，相信足以告慰这位科学巨匠！